中国风俗图志

常州卷

为民族风俗的传续留念
为中华文化的复兴存根

季全保 季旻孜 绘著

刘晓峰 李北山 总主编

泰山出版社·济南·

出版说明

随着当代中国工业化和城市化进程的加快,人们的生活方式快速变迁,乡风民俗正迅速发生变异甚至消亡。对各地的乡风民俗的抢救性记录,成为当务之急。

乡风民俗作为人们生产生活过程中所形成的一种文化现象,因其非物质性,甚至非口头性,只能以文本、影像等形式加以记录保存,但都有其局限性。因此,泰山出版社另辟蹊径,以"图绘+文献"的形式整理、记录、保存中国各地的乡风民俗。

在中国,风俗画有着悠久的历史,是劳动人民热爱生活、记录生活而进行的艺术上的创造。从石器时代的岩画到汉代的画像砖,都以图绘的形式记录了人们的日常生活。到唐宋时期,风俗画的制作已蔚然成风,如北宋张择端的《清明上河图》、南宋李嵩的《货郎图》,不仅形象生动地展示了当时的风俗人情、衣冠服制等,还让画作本身成为艺术珍品。当代风俗画在传统风俗画的基础上,将中国画艺术和民俗主题进一步融合,其作品形式直观、鲜活,充满了艺术的魅力和民间的气息,以特有的艺术形式为我们呈现了正在加速消亡的乡风民俗。

泰山出版社历时四年推出《中国风俗图志》系列丛书,以图绘形式尽可能系统地整理、记录、保存中国各地的风俗,与文字记录、研究形成互补和互释,以"左图右史"的形式加以呈现。二者相辅相成,不仅描述"民俗是什么",更探究"民俗为什么";既希望让读者能够记住乡愁,也力图为中国的民俗学研究提供另一种文本。此次推出的《中国风俗图志》系列第一辑共11卷,分别为:"北京卷""武汉卷""关中卷""杭州卷""苏州卷""常州卷""石家庄卷""吉林卷""中山卷""川西卷"及"鲁西南卷"。本卷为"常州卷",由季全保、季旻孜绘著。

为民族风俗的传续留念!为中华文化的复兴存根!这就是《中国风俗图志》这套大型丛书的目的。

总序

  风俗和图画，是我们每个人从小就熟悉的两件事物。

  以风俗说，人以群居，则事有相沿，浸浸自然成俗。习俗积久，其数必夥，自有聪明之士，兰心蕙目，笔墨志之。是故汉有风俗之书，梁有荆楚之记。以图画说，巧拙不论，凡人从小到大，皆有笔画彩涂的经历。而人最喜欢摹画者，当然是身边诸物，是自己觉得最有意思的生活细节。所以风俗入画，在中国早见于岩画、画像石与壁画之中。今天博物馆留存的中国历代画作，如《清明上河图》这样专以风俗为题材的亦多有。进一步说到文字与图的结合，同样历史久远。流传至今的《山海经》，就是为已经遗失的《山海图》写下的注释文字。而以图插于书中，则更为中西书肆业者共同热心做的事情。因为图文有相互参映之效，所以鲁迅称赞之"不但有趣，且亦有益"。但举目书林，像本套书这样大规模将图画与笔墨并举而为地方风俗图志者，可谓前所未有。《中国风俗图志》将艺术之美与文字之美紧密地结合在一起，擎优美文字介绍一地之风俗，嵌艺术彩墨展示一方之风化，诚可谓具有极高艺术价值，展示深湛审美意蕴，足以令人耳目一新。

总序

  风俗就是我们的生活。每一个人从出生那一天起，就身处于某一地风俗之中，并不知不觉被此地风俗浸染，美之乐之。但是，我们所在的，是一个充满变化的世界。改革开放四十多年，中国的变化天翻地覆。一方面，是城市的巨变。北京，如大饼般一环一环摊开，成为拥有七环的巨大首都；深圳，由南方一个小小渔村变身成千万人生活的现代化城市；在我们注意不到的地方，都市在扩展，以亿万计的人口在涌进城市。另一方面，是农村的巨变。在我们不知不觉间，已经有很多个拥有几百年历史的村庄从这个世界消失。而依旧存在的村庄，也都已经不是旧日的面貌。

  1924年，有一位名叫青木正儿的日本学者来到中国。时当中华民国成立刚十几年，社会上新文化运动狂飙突进，正是传统中国社会风俗日渐磨灭的年代。这位研究中国古代戏曲小说的学者走遍中国大江南北，像中国老百姓一样赶早市、逛戏园、进茶馆，漫步北京大小胡同，他发现中国依旧保留有许多古老的风俗。有感于中国社会变化之迅速，他列纲目，选对象，请画师，想为后世留下一部《中国风俗志》，可惜后来由于财力不足，只请中国画师刘延年画下了一百余幅描绘北京风俗的彩图。后有内田道夫教授博采众书，为这些图做了解说，这就是日本平凡社出版的《北京民俗图谱》。二十世纪六十年代老舍睹图，惊叹书中所画许多风俗已不可见。今天的中国，依然行驶在一条迅疾发展的高速路上，城市的扩张、生活空间的巨变，使许多旧日风俗变化甚至消失得无处追寻。风俗承载着我们成长的记忆，但遗憾的是，这些记忆在一天天地消失。时移世迁，令人无限叹惋。有幸的是，我们生活中，有这样

总 序

一群学者,他们坚持着一笔一画地记录下了故乡点点滴滴的风俗;有这样一群画家,他们用画笔追寻乡土记忆,留下精彩纷呈的风俗图画;更有泰山出版社这样的"及时雨",把这两群人的力量汇聚到一起。群贤毕力,就是为给亲爱的读者们呈现这套《中国风俗图志》。

神州赤县,江山代有奇文出;彩墨华章,且留胜迹待追寻。相信假以数年,《中国风俗图志》中所记所画,一定会成为留给未来的宝贵精神文化财富。

是为序。

刘晓峰
中国民俗学会副会长
清华大学人文学院历史系教授
2019年12月12日 清华园

151	第七章 老行当
193	第八章 老味道
211	第九章 老游戏
241	第十章 老市井
259	参考文献
260	后记

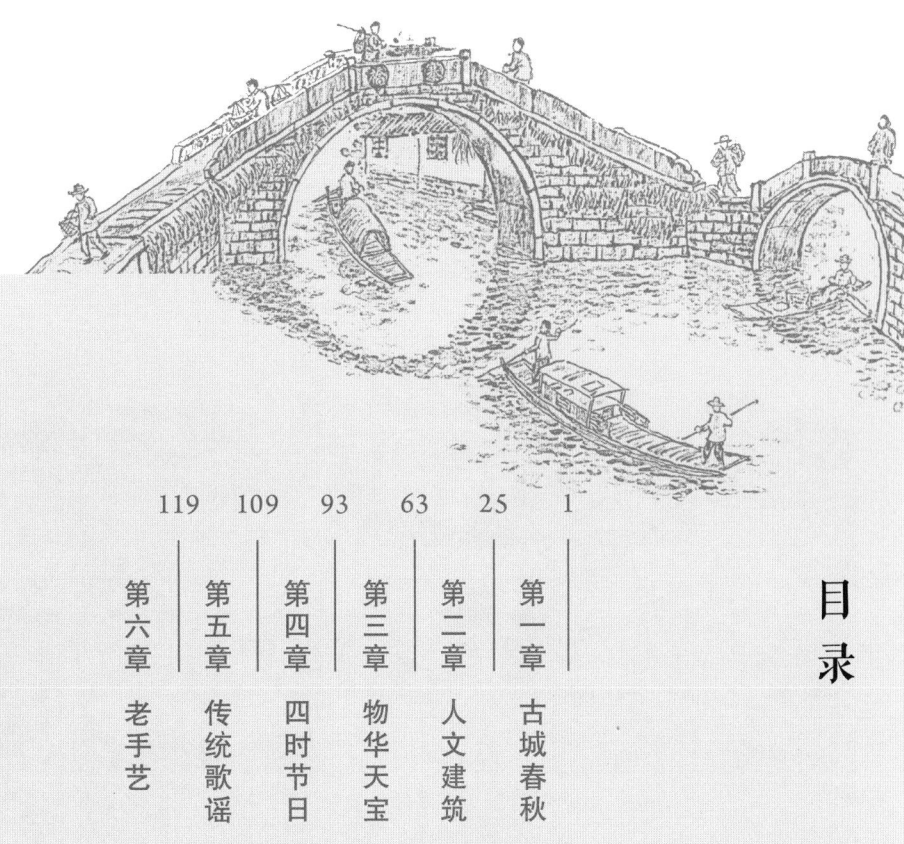

目录

第一章　古城春秋　1

第二章　人文建筑　25

第三章　物华天宝　63

第四章　四时节日　93

第五章　传统歌谣　109

第六章　老手艺　119

图 录

图 录

图 录

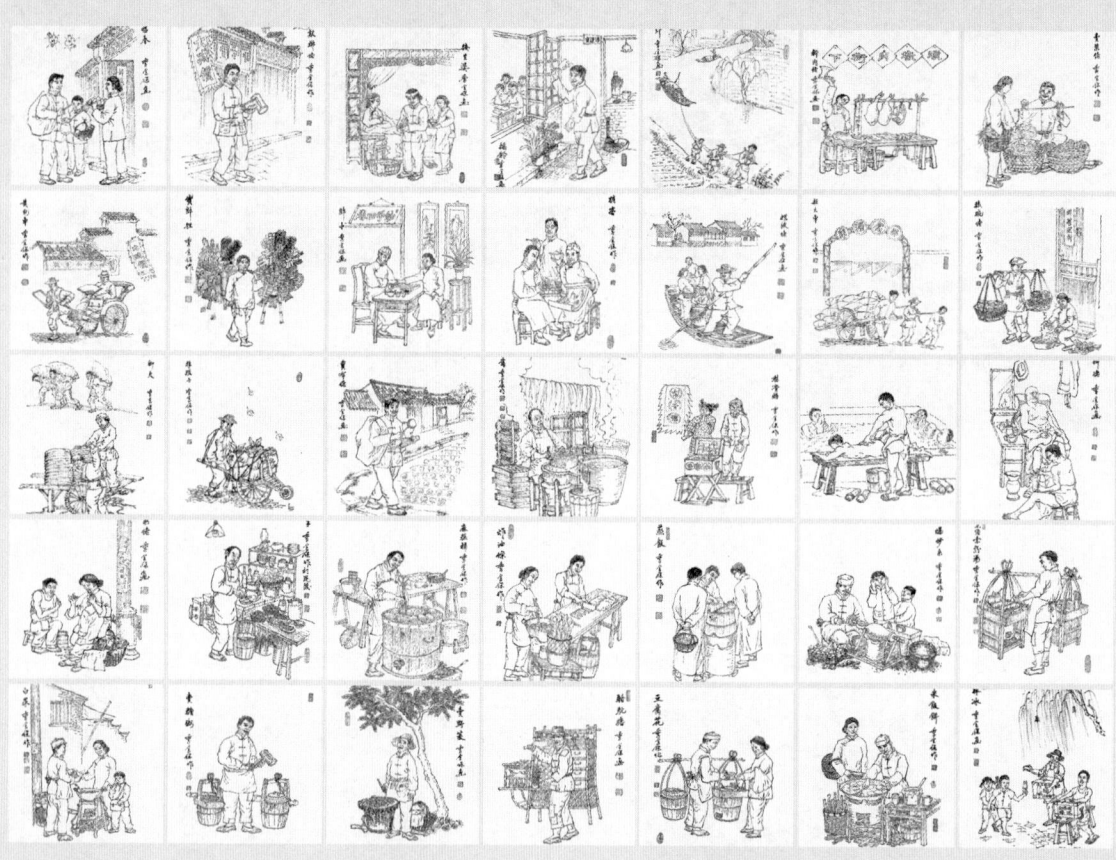

图 录

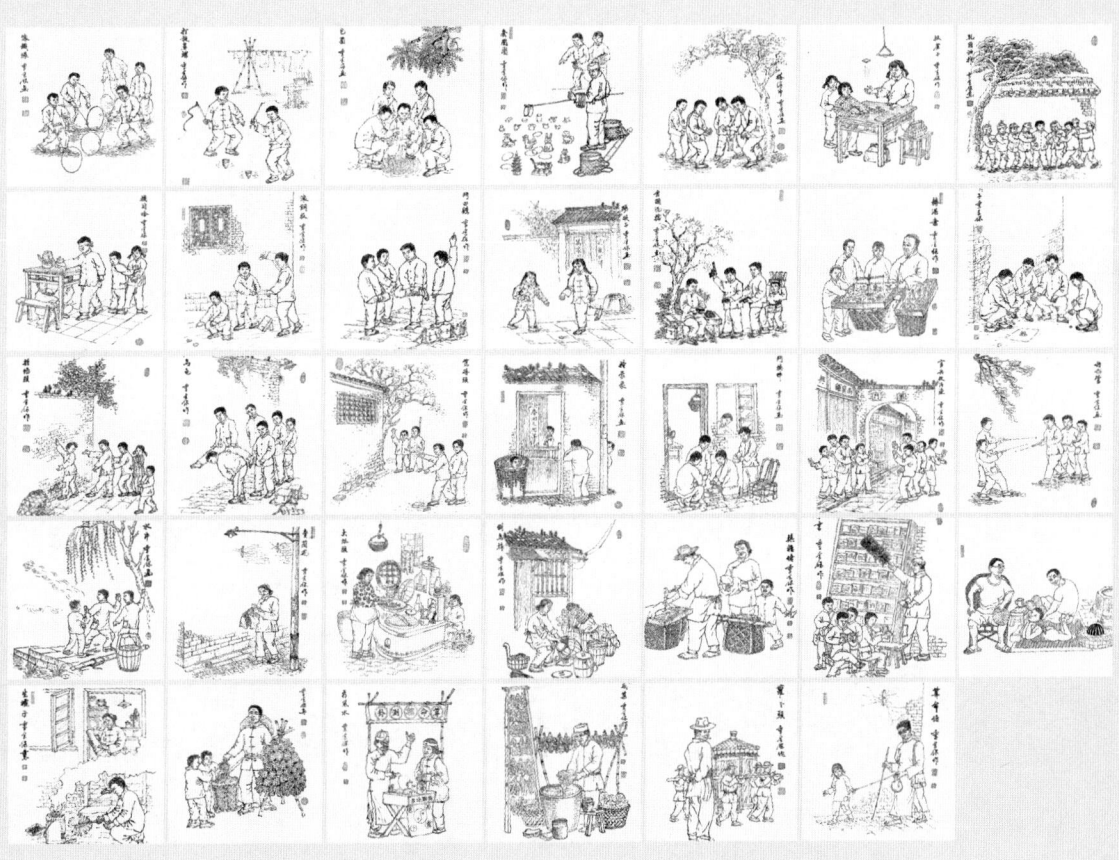

第一章 古城春秋

常州是一座历史悠久的江南文化古城,自古以来经济发达,文化昌盛,素有"礼仪之乡"的美誉。我们的先民在这块土地上劳作生息,创造了无比丰富的民俗文化,记述了民间许多生活情景、物质生活状态和精神风貌。

《续修四库全书》载:"望晋陵县,古延陵邑,杜佑《通典》言之详矣。"常州的名称由春秋战国的"延陵",到汉代改"毗陵",梁代改"兰陵",晋代改"晋陵",一脉相承。隋代称"常州府",唐宋继称,元改"长春府",清雍正二年(1724年)常州仍为府,统领武进、阳湖、无锡、金匮、宜兴、荆溪和江阴、靖江八个县,誉称"八邑名都"。

1912年,废常州府,将阳湖县并入武进县。城区一度称"武进市",沿称"常州"。1949年4月23日,设立了常州市,由常州专员公署管辖,属苏南行政公署,但市区以外,仍称"武进县"。常州专署管辖常州市和武进、江阴、宜兴、金坛、溧阳五县。1953年常州改为省辖市,属江苏省人民政府领导。1983年起,常州市管辖武进、金坛、溧阳三县(市)至今。

常州市位于江苏南部,地处长三角中心地带,与南京、上海等距相望,又处长江以南、太湖北滨,与无锡、苏州构成了苏锡常都市圈。常州有两千五百多年文字记载的历史,京杭大运河从常州穿过,使这座古城积淀了深厚的历史文化底蕴。常州是长江、太湖流域文明和吴文化的发源地之一,也是南朝齐梁故里,被称为"中吴要辅"。常州又称"龙城",处处彰显龙城古韵,历史文风炽盛。

常州历史上人文荟萃,许多文人学士与常州结缘。宋代王安石任常州知州;大文豪苏轼对常州情有独钟,十一次到常州,终老于此。常州籍的文学家有南朝梁昭明太子萧统,明代

武阳商会

文武双绝的唐荆川,清代名家恽敬、张惠言、赵翼、洪亮吉,以及誉满朝野的"愁苦诗人"黄景仁,清代著名经学家、今文经学派(常州学派)的创始人庄存与,公羊学派"三科九旨"的理论代表、谴责小说家李伯元等。此外,常州籍历史学家屠寄、吕思勉,都对中国历史研究做出了巨大贡献,在学界有口皆碑。画坛上,恽南田被奉为南宗北派的宗师。近现代,常州三杰瞿秋白、恽代英、张太雷用鲜血和生命谱写了悲壮激烈的革命赞歌;抗日救国运动七君子中的李公朴和史良让常州人倍感光荣;革命母亲夏娘娘,更是女中豪杰。在语言文学方面,常州孕育了赵元任和周有光,前者被称为承前启后的一代语言大师,后者被奉为汉语拼音之父。"五四"以来,常州涌现出一批杰出的作家和艺术家:刘海粟、谢稚柳、洪深、吴祖光……不及尽述。由此可见,常州是名副其实的文化名都、文采风流之邦。

常州的市井风俗,就像人们生活中的一面镜子,折射出人们生活中的情趣、理想、追求和信仰。这些旧时的风俗,在漫长的岁月中,丰富了人们的生活。人们的生活离不开风俗,就像鱼儿离不开水、鸟儿离不开林一样,伴随着人们的悲欢离合、婚丧嫁娶、生老病死。这些民俗民风,曾经无微不至地照料我们的生活,慰藉我们的心灵,安顿我们的家园。一个城市、一个民族没有民俗是难以想象的,民俗风情似昨天的一首歌,唱出了人们的心声,又似昔日的炊烟,缕缕散落。乡风民俗,恍然间变成了一幅幅温馨淳美、风情万种的风俗画,从此让人魂牵梦绕,怀念不已。

节日习俗更是民间文化的重要部分,颇能代表地方文化特色。人们在长期的生产生活中,认识到时令节气的变化与人们生活的密切联系,并将它们与社会活动相结合,从而形成四时风尚,促进了地域经济、文化的发展。每个节日都有着各具特色的风俗,特别是春节、元宵、清明、立夏、端午、中秋、重阳、冬至等。在绵延的历史长河中,古城常州创造出了内涵丰富、特征鲜明的地域文化。这些地域文化是江南文化的一部分,更是古城常州民俗文化的体现。有些民俗文化,在社会发展中起到很大作用,甚至成为民俗中的核心价值所在。民俗文化的发展能维系这个地区地方文化的命脉,保持地方特色,还可以推动经济发展。许多社会现象都可以用民俗文化来解释,民俗能够促进民族和谐、社会发展,增进百姓福祉。

常州的历史除了一个显著特点——"老"字外,更有一层深厚的文化底蕴。两千五百多年来,常州的人文积淀极深,从城市的建制到街巷的分布,从人口的繁衍到商业的繁荣,都能折射出地方人文精神。古城常州对中国历史进程产生的重大影响,是许多大城市所不能比

中国风俗图志·常州卷

春秋延陵

拟的。老常州的民俗文化，留给人们美好而温馨的记忆太多太多，从"文亨穿月"到"白云古渡"，从"篦梁灯火"到"江湖汇秀"，这些小桥流水人家、大街小巷老岸里飘出来的吴风古韵，使我们不禁"发思古之幽情"。老常州，一个"老"字，滋生出几许眷念，道出多少感叹！

春秋延陵

常州为江南的历史文化古城，历史悠久，古称"延陵"。从新石器时代就有人类生活在此，这里有近六千年的人类聚居历史。常州有文字记载的历史，则始于东周灵王二十五年（前547年），吴王余祭封季札于延陵。常州曾有"延陵""毗陵""晋陵""兰陵"之称，至隋代才称"常州"，并有"龙城"之称。

常州上古时为"荆蛮之地"。商朝末年，周部落首领古公亶父的儿子泰伯和仲雍，自愿放弃王位，带领一批人从陕西南奔到"荆蛮之地"江南，入乡随俗"断发文身"做了当地老百姓的首领，建立了一个号称"勾吴"的小国，从而开创了吴国的历史。泰伯建吴后，王位传到了寿梦。吴王寿梦有四个儿子，其中第四个儿子季札最为贤能，他因先后三次推让王位而被人赞颂，有诗道："春秋争弑，不顾骨肉。孰如季子，始终让国。"

季札是我国春秋晚期一位富有远见卓识的政治家和外交家，更是崇尚礼义、诚信的谦谦君子，不愧为古城常州第一个有文字记载的人文始祖。据汉司马迁所著《史记·吴太伯世家》记载，季札是吴国国王寿梦第四子。季札封于延陵，故号"延陵季子"，也是春秋延陵的风云人物。季札是一位杰出的外交家。公元前544年，季札奉命出使鲁、齐、郑、卫、晋五国。在这次外交活动中，他同齐国的晏婴、郑国的子产及鲁、卫、晋等国的重要政治家会晤，高谈政事，评论时势，使中原国家了解并通好吴国。公元前485年冬，楚国名将子期进攻陈国，吴王派季札救援陈国。季札传言给子期，明确表达自己的反战态度。经季札调停，战乱最终得以平息。

季札也是一位才华出众的文艺评论家。公元前544年，季札奉命出使中原五国，在鲁国欣赏了周朝的经典音乐、诗歌、舞蹈，他当场结合当时社会的政治背景，一一做了精辟的分析和评价。他在欣赏《秦风》后说："这是华夏的正声呀，如此强大，强大到一定程度就能发展成周王朝鼎盛时那样了吧！"他从乐声中预言秦国的未来，确是一言中的。

季札重信义。一次途经徐国时，徐国的国君非常喜欢他佩带的宝剑，难于启齿相求，季札因自己还要遍访列国，当时便未相赠。待出使归来，再经徐国时，徐君已死，季札慨然解下

永嘉南渡

佩剑，挂在徐君墓旁的松树上。侍从不解。他说："我内心早已答应把宝剑送给徐君，难道能因徐君死了就违背我的心愿吗？"此事传为千古美谈。

永嘉南渡

西晋永嘉年间，北方少数民族混战中原，大体上自永嘉元年（307年）司马睿移镇建业开始，北方士民为躲避战乱，纷纷渡江南下。永嘉五年（311年），刘曜、石勒破洛阳，"中州士女避乱江左者十六七"。历史上把这一时期北方人南渡的现象称作"永嘉南渡"。"永嘉南渡"也是中国有史以来第一次人口南迁的高潮。

永嘉是晋怀帝司马炽的年号。西晋为安置北方士民，在南方设立了侨州郡县。大量北方士民南渡对社会经济产生了重要影响。中原民户迁至长江流域者超过百万，其中相当大的一部分是士大夫阶层和贵族阶层。由于统治阶级内部的矛盾，西晋王朝开始走向分崩瓦解，匈奴、鲜卑、羯、羌、氐五族乘虚而入，北方社会的动荡不安迫使士族和百姓大量南迁，为逃避战乱，门阀士族也带领家眷、民户流徙到江左一带。这是有史以来中原汉人第一次大规模南迁，史称"永嘉南渡"。江南比较稳定，当权的官僚们也乐于选择此处作为南迁的驻地。萧氏家族为避北方战乱，从山东北兰陵举族南迁，定居于常州武进东城里（今孟河镇万绥一带）的南兰陵。萧氏第五代萧道成于479年建立南齐王朝，史称齐高帝。齐高帝萧道成总结了前朝亡国的教训，在他执政的四年中颇有一番作为。

正因为有了"永嘉南渡"，才使南北方的优势互补，在文化背景、民俗习惯等各个方面都起到了相互促进作用，为南北方的共同发展奠定了基础。

齐梁古都

常州是一个有着两千五百多年历史、人才辈出的文化古城，不仅是"中吴要辅""八邑名都"，还是个千年龙城福地，有很多齐梁时期的遗迹，是中华"齐梁文化"的发祥地。位于常州西北的孟河镇，就是一个有着悠久历史的江南水乡，这里成就了辉煌的齐梁历史和灿烂的孟河医派文化。古代齐梁文化发源于常州孟河镇万绥，常州的别称"龙城""兰陵"都来源于齐梁，丰富灿烂的齐梁文化与萧氏名人文化有着不可估量的历史价值和开发利用价值。

南北朝时期，这里出了齐梁两朝的开国皇帝齐高帝萧道成和梁武帝萧衍及十三位继承皇帝。萧家世代兴旺，从萧瑀归唐到五代后梁萧顷的三百年间，代代有人入朝为宰相，共出十

中国风俗图志·常州卷

齐梁古都

位宰相，还有封国公者三人，另外有驸马三人，还出了常州第一个状元和十六个进士。齐高帝萧道成不但是一位杰出的政治家、军事家，而且还"博学能文、工草隶书"，有南朝"书帝中第一"之称。502年，萧衍建立了萧梁王朝，史称梁武帝，历史进入齐梁两朝鼎盛时期。萧衍自幼勤奋、博学多通、才华横溢。梁武帝之子——昭明太子萧统，选录了自先秦至梁一百三十余名作者的赋、诗、词、诏、文、表、经，汇编成中国最早的诗、赋、文总集——《昭明文选》。萧氏家族的后人为了纪念祖先在南兰陵的六百多年历史中留下的辉煌成就，把南兰陵视为萧氏家族的"齐梁故里"，齐梁时期流传下来的文化，也被称为"齐梁文化"。

清朝中后期，以费伯雄、马培之、巢崇山、丁甘仁等为代表的著名医家，开创了孟河医派"吴中名医甲天下，孟河名医冠吴中"的辉煌时期。常州齐梁文化和齐梁龙城孟河医派文化都是中华民族优秀传统文化的重要组成部分。常州文化对我们继承齐梁故里优秀的传统、挖掘千年齐梁历史、弘扬齐梁文化、研究齐梁文化的精髓都有着巨大作用。

常州府

常州曾先后有"延陵""毗陵""晋陵""兰陵"等旧称，自毗陵起为郡，隋代废郡，改以州，古晋陵郡遂为常州。唐代升常州为望，列入全国十望州之一。宋代常州属两浙西路。元世祖至元十四年（1277年）升常州为路，元惠宗至正十七年（1357年），改常州路为长春府，后属南直隶，至明成祖永乐七年（1409年），复改长春府为常州府。清雍正二年（1724年），常州府辖武进、阳湖、无锡、金匮、宜兴、荆溪、靖江、江阴八县，故称"八邑名都"。辛亥革命后废常州府。

常州府衙位于内子城中心，是中国传统的府衙建筑，中轴线两侧左文右武，左尊右卑，前堂后寝，单檐硬山式建筑，完全按照规制完备的府级官署衙门建造。从《武阳营建舆地全图》府署图来看，府衙有照壁，呈八字形，用青砖砌成，照壁北向有四柱石牌坊，上书"中吴要辅"，左、右两侧有"师帅""保里"亭廊，大门前两侧是八字墙，墙体内各镶石碑四通。进入面阔三间、进深两间、拱券式的大门，便是仪门。在牌坊和仪门之间，还建有三层"高明楼"。仪门形制同大门，唯前坡内侧檐部采用木构卷棚。仪门为礼仪之门，凡新官到任，至仪门前下马，由迎接官员迎入仪门内。宣读圣旨或举行重大祭祀活动时，也要大开仪门。仪门之后便是府堂，俗称大堂，它面阔五间，进深三间，是中轴线上的主体建筑，也是第三进院落。

中国风俗图志·常州卷

常州府衙

檐下置斗拱，斗拱疏朗，梁架奇巧，明亮宽敞。大堂是知府接见官吏、举行重要仪式的地方。堂正中设公案，两侧列"肃静""回避"及其他仪仗等，并分别设有"经历司""照磨所"。大堂之后的二堂是府衙长官处理一般公务的地方，有庄重威严的氛围。穿过二堂大门，便是三堂，是知府接待上级官员、商议政事、处理公务及燕居的地方。堂后为府衙花园——凤尾墩，这里明亮清静、山石玲珑、树木青葱，奇花异草争芳斗艳，是知府及家眷的休憩场所。常州衙门布局严谨、规模宏大、气势雄伟，是秦始皇设置郡县制以来，留下的一个完整的郡级实物标本。

常州府历史上被称为"中吴要辅，八邑名都"，有"天下名士有部落，东南无与常匹俦""三吴重镇"之称。常州府也是江南吴文化的发源地之一，拥有发达的经济、灿烂的文化和深厚的历史底蕴。自隋唐开科取士以来，仅常州府（不包括常州的属县）这一地区就取进士1546名，其中状元9名，榜眼8名，探花11名。

毗陵驿

在古代，驿站有着十分重要的作用。毗陵驿站是旧时常州仅次于金陵驿的大驿站。在古驿道中，常州的毗陵驿一直处于重要的驿道线上，为驿站漕运起到了重要的作用。宋代时，毗陵驿设在天禧桥，该桥唐代已建，后在此设驿站，桥名为"驿桥（弋桥）"。明洪武元年（1368年），毗陵驿迁到朝京门外，明清两代移至朝京门内，也曾在篦箕巷西直街一带。

据史料记载，毗陵驿是古代供传递公文的差役和官员途经本地时歇宿、换马的住所。毗陵驿有接官亭，又叫作皇华亭，亭前的码头就叫作大码头。毗陵驿全盛时有驿马46匹、战船15艘、水手123人、马夫29名，分管辖区水陆交通，传递公文信札事务。清乾隆年间，毗陵驿也被称为皇华馆。乾隆南巡经常州时，有两次就是从篦箕巷的大码头登岸进城的。篦箕巷原称为"花市街"，因这里自古以来就是御用珍品宫梳名篦的制作销售基地而得名"篦箕巷"。著名小说《红楼梦》结尾一章，作者就将宝玉与其父亲的最后一面安排在毗陵驿。现在的篦箕巷里，还可看到古运河畔的大码头、大码头牌坊、皇华亭、亭内的毗陵驿石碑等古迹。诗人徐铉有诗曰：

曾持使节驻毗陵，长与州人有旧情。

中国风俗图志·常州卷

毗陵驿站

为向驿桥风月道，舍人髭鬓白千茎。

徐铉，五代至北宋初文学家、书法家，字鼎臣，广陵（今江苏扬州）人。历任五代吴校书郎、南唐知制诰、翰林学士、吏部尚书，后随李煜归宋，官至散骑常侍。徐铉淳化初因事贬静难军行军司马，曾受诏与句中正等校定《说文解字》。徐铉工于书，好李斯小篆，与弟徐锴有文名，号称"二徐"；又与韩熙载齐名，江东谓之"韩徐"。

1908年后，沪宁铁路通车，过往官员不再骑马、乘船，传递公文信札由邮局代替，驿站也无存在的意义。此后，根据北洋政府规定，全部裁撤驿站，毗陵驿于1912年裁撤，驿站房舍改为惠商堆栈和商场。最后的毗陵驿丞为刘盘生，是朝廷授予常州府的最后一位全行命官，负责毗陵驿的全部事务，并管辖常州府范围内的漕运。

古城门楼

常州两千多年的荣枯盛衰，全都沉淀在这座城市的一砖一瓦和一城一门中。从建城开始，常州的城郭都是由城垣和城门相连接的，城门在其中起到开启城市门户的作用。从近年出土的战国时期城砖上的"延陵东门"字样来看，战国时期已建有延陵邑城，但当时还未建城门。

据《常州府志》记载，"汉高祖五年改秦延陵县为毗陵县"，翌年"令天下县邑城"。当时毗陵县是在春秋战国的延陵邑城的基础上扩展而来的，城址范围只是东至文化宫，西至南北大街，南至青果巷，北至东横街，当时也未设城门，只有护城河。晋太康年间始建内子城，北极门和迎秋门为早期的城门，分别位于北门青山桥堍和西横街府桥西。唐景福元年（892年）重修，加高城墙；五代十国时期，吴顺义筑外子城时，在原有北极门的基础上重建青山门，青山门也是常州第一座有文字记载的城门。常州完整的城门是在吴天祚元年（935年）由刺史徐景迈主持修筑的罗城城门，罗城城垣也是常州历史上规模最大的城垣。当时，从青山门往东沿关河至舣舟亭段，就建有和政门（小北门）、东钦门（东北门）、通吴门等；从东往南至北水关又建有中箭门（小东门，又称怀德门）、德安门、（大南门）、广化门（小南门）、朝京门。

历史上常州先后有过内子城、外子城、罗城、新城等古代城池。这些城池，随着岁月的流逝已荡然无存。史料记载常州城有数十个城门，其中最有名的七个城门是朝京门、通吴门、广化门、青山门、德安门、中山门、文在门。

中国风俗图志·常州卷

青山门

青山门，俗称大北门，位于青山桥南，城外有吊桥，始建于五代十国。吴顺义年间，在原北极门的基础上建青山门。据《寰宇记》载，从北门登高处可远眺青阳（江阴）、海门之山景，故名青山门。至明洪武二年（1369年）建新城时，青山门已初具规模，城高二丈五尺，厚二丈。门外有瓮城（域城），通大北门外的斗巷、前后湾、上街、中街、下街、坛街等北乡。城门内的箭楼与大北门直街（北直街）相接，为本邑北城的要辅。

笔者小时候就出生在青山门外，这里的一砖一瓦和一城一门看起来亲切有加。虽然在二十世纪五十年代，城门已拆，仅留城脚，但上学进城都要经过这道没有"城门"的门。尽管城门不在了，但是名称没变，叫法没改，大家还是称呼其"青山门"，甚至通信地址还是沿用原样——青山门外下街，读书的学校还是称"青山门小学"。那时的城门，其实就是家门。

朝京门，俗称老西门，旧时在西门的锁桥湾，明代初年，移至西吊桥东址（现表场处），是运河与市河交汇处，城门位于始建于五代十国的罗城。所谓朝京，就是城门朝向京城，表示忠于皇帝和朝廷。明正德年间，知府王教在朝京门上为前任李嵩改建"怀李楼"，以示褒扬其功绩。出城门西为大运河文亨桥、花市街（篦箕巷）、毗陵驿等。朝京门历代都是一个热闹非凡的城门，是常州西门区域的经济文化重地。这里旧时为古城的西段交通咽喉、漕运枢纽。为此，在运河东西两头紧靠城门（通吴、朝京）处，设东西两粮仓作为漕运的保障，并设东西水关收取运输税赋。当年康熙、乾隆南巡江南到常州时，就是从毗陵驿大码头登岸的，然后通过朝京门入城。朝京门外原来的花市街被乾隆改成了篦箕巷，这里还是常州乡贤、大学士刘纶陪同乾隆帝微服私访的地方，他们在文亨桥畔的近水阁听到了民声，看到了"篦梁灯火"彻夜未央以及"文亨穿月"的美景。附近的朝京馆时称"高丽亭"，因当年高丽使臣来京朝贡驻足于此而得名。可见，当时不但国内商家云集于此，就连异国使节也来此造访。进入朝京门内，即为西门直街、西瀛里等老西门地区，这里不仅是常州繁华的钱庄一条街，更是豆、米、木、典合一的商贾闹市。常州最早的小轮船埠码头也设于此，与西瀛门遥相呼应。旧时，这里为古城的西段交通咽喉，漕运枢纽，为此，在运河东西两头紧靠城门（通吴、朝京）处，设东西两粮仓作为漕运的保障。

笔者小时候最喜欢去朝京门（老西门）旁的文亨桥上玩耍，或站在高高的桥顶上看运河的舟楫船帆，听运河的橹声；或将高桥作为跳台，跳进运河里游泳。

通吴门俗称东门，因出城往东可通达吴郡（苏州），故称东门，始建于吴天祚元年（935

朝京门

年),它也是常州历史上规模最大的城门。箭楼门内通东门直街,北边连接东西狮子巷,南边有东水关,连接元丰桥达德安门。城门外有瓮城,又称"域城",城墙高二丈五尺,筑以城砖基石。城外的城壕,宽十六丈,深八尺。东水关是控制运河与市河的船舶航运、收取税赋的重要关卡,为此,通吴门也是本邑东边最重要的交通要塞。明洪武二年(1369年),朱元璋派大将汤和驻重兵守常州,因罗城大而难守,汤和决定收缩东、南、西三面,在罗城内改筑新城。运河由西入城,经西水关(西水门)、东水关(东水门)出城,因此,通吴门更显重要。

从《武阳常州全城图》中,可以看出当时全城由东南西北四个城门(即水门),即通吴门、德安门、朝京门、青山门把守进出要道。进入城内的船只在这四个城门处得以通关放行,城门水关也就起到了关卡作用。通吴门不但是常州陆路的城门,更是常州东门的水门,漕运往来、官人行路、柴米通商、货物交流必经于此,通关门严格控制运河交通,对进出城内外的商货船收缴税赋。通吴门地区又是常州的东大门,东直街是通吴门外直街,位于东市河北岸,这里有水门桥、西吊桥。通吴门外还有众多的古迹,如天宁寺、东岳庙、玄妙观、太平寺、天主堂、舣舟亭等。通吴门是康熙、乾隆下江南时必经的陆路城门。通吴门景色宜人,乾隆巡游江南时题诗描绘了通吴门的胜景:

> 玉局信风流,溪亭佳话留。
> 至今石岸侧,往往驻行舟。
> 岸柳金摇曳,春波玉拍浮。
> 吴门知不远,更有仰苏楼。

出通吴门向东,就是东南丛林第一寺——天宁寺。旧时这里异常繁荣,庙会兴盛,农历七月三十东门庙会时,城内城外连绵数里,人山人海。明清时期,为漕运而建的东仓库又为这里添了几分繁华,东仓库连着东仓桥(通济桥)。运河两岸除了漕运码头、货运码头,还有香客码头。两岸尽是枕河人家,水阁吊楼临河而筑,一派江南水乡风光。笔者小时候每年要来此地好几次,不单是看庙会,更多的是经通吴门去东郊春游和秋游。

德安门,又称大南门,原在城南和平路、吊桥路交会处,源于一千年前的罗城,旧时称大南门直街。东临关刀河,属河南厢东段,西接乌泥桥南邗沟,与东下塘、陶沙巷连接。出德安门往南过运河,即清凉寺、丫叉浦、茶山等地。德安门南运河上有两座桥梁,拱桥为德安桥,平桥为同济桥,它们是江南古城最早的"立交桥"。德安门是常州大南门,民国之前,它的周

中国风俗图志·常州卷

通吴门

围一直是个商业集聚之地。

与德安门同样盛名远扬的还有德安桥。历史上明成化和清乾隆年间都曾重建德安桥，清道光五年（1825年）因桥将圮，知县张世桐倡导士绅捐款重建。德安桥高耸险峻，是一座雄伟高大的单孔石拱桥。1934年春，爱国实业家刘国钧先生在德安桥旁边又建起了一座三跨钢筋混凝土平桥，这就是同济桥。

旧时出德安门外有官道直通湖塘、牛塘和宜兴方向，从宜兴采来的朝贡阳羡茶，都得通过此道到达州府，于是这官道就称为茶山道。为便于运贡茶的役夫和路人休息、饮茶，沿茶山地段设置头茶亭、二茶亭（现三桥头）、三茶亭（中凉亭）、四茶亭（湖塘桥附近）。茶山白荡原先有泱泱数百顷水面，是个景色迷人的地方。历史上的茶山道十分繁忙，江浙一带的官员常在此迎送。许多文人骚客如李白、杜牧、白居易等也经过此地，留下了许多诗篇。白居易曾在诗中写道：

> 遥闻境会茶山夜，珠翠歌钟俱绕身。
> 盘下中分两州界，灯前合作一家春。

不但名人对这里赞叹，老百姓也在德安门上对山歌，这在全江南都是出了名的。每年的六月十九，从德安桥到清凉寺，沿途人山人海，人们聚集到德安桥头河两边，自发地开展"对山歌"活动。遗憾的是德安桥上对山歌这一散发着常州民间音乐芳香的民俗活动已永远地消失了。

巍峨的古城城门，经历了各个朝代的变迁，已逐步被毁坏，至清代末年，城门还存通吴门（东门）、德安门（大南门）、广化门（小南门）、朝京门（老西门）、青山门（大北门）、和政门（小北门）。然而，从晋太康年间就一直站立在古城常州四周的城门和城墙，到了1950年，基本全被拆除，仅留有170米的西瀛门和该段的明城墙。从此常州的古城门和城墙也完成了它的历史使命，这些城关隘口、城池城门随城市变迁而逝去。从此，"四城门""八水关"只能是昔日的历史故事。

大观楼又称净远楼、高爽楼、极高明楼，位于常州府旧治前，旧时为州治之门，相传为三国时东吴周瑜之帅台。该楼始建于内子城，高二丈，中外石砌之。城楼上方"常州"二字，为南唐散骑常侍徐铉所篆，"笔势雄伟，如金钟覆群龙"。到了南宋初，该楼已损毁。宋乾道元

中国风俗图志·常州卷

德安门

年（1165年）常州知州叶衡重修，名净远楼，宋诗人杨诚斋（万里）作诗云："犯雪来登净远亭，飞花着水旋成冰。琼田万顷珠千树，真正瑶台十二层。"嘉定年间更名高爽楼。宋淳祐八年（1248年）知州李迪又名景邹楼，这是因为崇敬常州的"忠直之士"邹浩，故名之。宋咸淳二年（1266年）知州家铉翁再改极高明楼。宋末，二十万元军压境，遭到地方人民顽强抵抗，城内外大部分房屋毁于战火，极高明楼也不例外。后来元朝政权建立后，虽然有些官署得到了修缮，但终不能恢复成原来景观。一直等到明正统三年（1438年），常州府知府莫愚才又开始重建大修。他不仅重建了极高明楼，同时还在楼前建立了"中吴要辅"的牌坊。后因年久失修，楼又损毁。清顺治十一年（1654年），知府宋之普又重建，但未竣工，知府崔宗泰继续修葺。清嘉庆二年（1797年），知府胡观澜正式将该楼改称大观楼，并在《大观楼碑文》中记述：

> 国朝顺治九年，知府祖重光重建大堂。十一年，知府宋之普重建高明楼，功未竣。十三年，知府崔宗泰重建中吴要辅坊。康熙十一年，知府纪尧典于府前横街东西，建保厘师帅二坊。嘉庆二年，知府胡观澜修葺并更极高明楼曰大观楼。有记曰："大观楼者，常州之治门楼也。南干正山由天目两介。其北而西者，过五堰，起茅蒋，是为金陵；其东而北者，穿震泽，起姑苏，是为平陵。常州在二陵间，故曰毗陵。毗陵者，比邻也……登斯楼也，东西南北俱可见百里外，城郭市肆隐然在目前，烟云树木、帆樯车骑、渔樵畊凿之人，远者、近者往来络绎于其间，有图画所不能尽者，诚洋洋乎大观也哉。或曰楼之以大观名者，非此之谓也。太守者，守此职者也。太守登此楼，召士农工商于楼下，与之讲法读律，是为撰文；太守者，守此土者也……"

民国十八年（1929年）大观楼拆除，并将拆除的砖石筑大观路，目前仅存大观路名。

钟楼原在北大街的南端，北大街旧时称为常州府衙前的直街，因街北端有府桥而称府直街。二十世纪二十年代该街扩建，因此街位于甘棠桥北，故又称北大街。南宋嘉定年间建有"高爽楼"，上有更鼓报时，明正德年间重建，有"三吴第一楼"之称。该楼雄伟壮观，下为环门，上构重楼，周以扶栏，高深壮丽，两边置石阶上下楼，置更鼓于上。在当时苏州（东吴）、常州（中吴）、湖州（西吴）三吴地区之中，该楼为首屈一指的鼓楼，被称为"中吴要辅"。到清代乾嘉年间，几经修复后，高敞宏伟、下临市肆、广道四达的鼓楼，与城中崇法寺内的钟鼓楼遥相呼应，成为古城"晨钟暮鼓"一景。

《常州府城坊厢字号全图》载，钟楼北向府直街西侧为子城第三段，有府西巷、鸣珂巷、玉隆观巷、流霞观弄、玉佩弄、庙巷（大庙弄、小庙弄）、庙沿河等。府直街东侧为子城第二

中国风俗图志·常州卷

大观楼

段,有双贤里、沙家弄、陆家弄、临川里(半山亭)等。在庙巷南端(大庙弄南口),有鼓楼一座,民国后改建为钟楼,在大庙弄的东口。北大街上的大庙弄,原为城隍庙旧址。城隍菩萨是道教所传守护城池的神仙,故而城市都有大大小小的城隍庙。此地新中国成立前为国民党县党部,1949年新中国成立后,成为常州专区专员公署办公地。钟楼北有玉佩弄、玉隆观巷,因弄内旧有玉隆观(又名玉龙观)而得名。玉佩弄的名称,来源于古代贵族妇女佩带的装饰品"玉佩"。鸣珂巷又称荷花池,宋吏部尚书孙觌在此池边种植莲荷,豢养白鹤。旧时,荷花池周边居住的人都以达官贵人为主。鸣珂巷内58号还有清道光六年(1826年)丙戌科进士徐燮钧的庭院,该院颇具江南庭院建筑特色,是鸣珂巷中具有代表性的庭院。苏东坡来常州多次,除终老地藤花旧馆外,还有其他寓所,天远堂就是其中之一。钟楼下还有临川里、西官保巷和半山亭等。半山亭北通临川里,东接西官保巷,直达县直街,西与北大街连接。此处原为后河沿岸。史料载,王安石(号半山)任常州知州,在任时兴修水利,关心百姓疾苦。离常后,老百姓还是念其功绩,在此建亭以表纪念,并以其号"半山"做亭名。从此半山亭在常州存在近千年时间,二十世纪八十年代为建新百货公司大楼(后为新世纪商城)而拆除。

　　钟楼地区就是常州城中的繁华地区。1928年,将位于府衙前的大观楼(鼓楼)移建至北大街与大庙弄交会处,并将鼓楼改建成西洋钟楼,钟楼成了当时常州的地标性建筑。钟楼高31米,宽7米,共5层,顶层设消防瞭望台及自来水的水箱,这里也成为市中心最早的自来水供应点。钟楼南北两面置巨大的自鸣钟,供行人驻足观赏,底层供行人和车辆(黄包车)通行。1964年8月,钟楼因受强台风影响,同时因拓宽马路需要而被拆除。钟楼区以钟楼得名,名称沿用至今。

早科坊

第二章 人文建筑

要了解一座城就要从了解城市的街巷开始，它可能是一个历史街区，也可能是一条历史街道，如巴黎的香榭丽舍大街、纽约的第五大道、北京的三庙街、上海的城隍庙、南京的夫子庙、苏州的观前街……它们是城市历史的见证和城市发展的载体，历经年代的更迭变得愈加沧桑，犹如白发苍苍的智慧老者，有道不完的故事和传说。常州留下了很多历史建筑，它们无声地诉说着这座江南古城悠久的历史和深厚的人文底蕴。

常州古建筑

早科坊位于西瀛里与织机坊（西大街）之间，原名为灶窠巷。南宋宝祐元年（1253年），居住于此的霍超龙，取得少年省试第一，弱冠又中进士，职受翰林院待诏，理宗皇帝命常州郡守程均建"早科坊"第，以示少年早成，并将"灶窠巷"改为"早科坊"。

霍超龙，字昇霄，从小爱读书，勤思考，"勤笔自悟"，少年时就会试第一，及第后职受翰林院待诏。其时，正值奸相当道，贾似道行买公田法，霍超龙抗疏称病不行。宋咸淳十年（1274年），贾似道以天子仪仗葬其母，超龙又上疏论之，因而入狱。德祐元年（1275年），贾似道死后，霍超龙才得以复职。同年，元兵破常州，霍超龙与妻儿及宗族数十人遇难。

在早科坊内旧有澄清观，相传是为晋代孝子王祥而设，后迁至城东武烈庙。坊内还有二贤祠，位于原城南书院旧址。这里是宋代苏东坡和杨龟山在常州讲学之地，百姓称苏杨二人为二贤，并筑祠纪念。常州自古读书氛围很浓，被称为"千载读书地"，历来就有"耕读传家，

状元第

诗书继世"的优良传统。"腹有诗书气自华,最是书香能致远。"常州人深信,一本好书往往能改变人的一生,一个民族的精神境界在很大程度上取决于全民族的阅读水平。

状元第位于郡治常州府学之前,即今西横街。宋嘉定十六年(1223年),蒋重珍举进士,殿试又获第一名,为状元,在此立状元坊。蒋重珍,常州府无锡人,后官至秘书郎兼庄文府教授、刑部侍郎,卒后,宋理宗赠蒋重珍为朝请大夫,赐谥忠文。状元坊边有状元桥,府学前有学桥,紧邻学署。

常州另有状元第,原称"宝砚堂",康熙五十九年(1720年)由乡魁庄柱建造。庄柱父子一门三人在做学问方面均有较高的建树。庄柱在雍正帝时会试获"中式进士",乾隆时官至内阁中书。庄柱长子庄存与是常州今文经学派的创始人,通六经,乾隆十年(1745年)殿试中榜眼,官至礼部左侍郎。庄柱次子庄培因,乾隆十九年(1754年)殿试中状元,官至内阁学士,授职翰林院修撰,掌修国史;乾隆二十一年(1756年)出任福建乡试主考官;乾隆二十三年(1758年)出任福建学政,官至翰林院侍读学士;乾隆二十四年(1759年)病死于任上,年仅三十七岁。

自庄培因状元及第后,宅第遂改称"状元第"。状元第位于马山埠至白云渡段,北接成全巷。建筑样式为砖雕石库门,大门前原有照壁和水码头,内有启裕堂、赐砚堂、微晖堂,主要建筑及厢房偏舍有百余间。上文提到的成全巷是一条垂直于马山埠和局前街的里弄,在巷的南北两端的民房山墙上均嵌砌有砖刻楷书"成全巷"三字,巷口设有圆木栅栏门,早晚定时启闭。有意思的是,过去城里人家操办婚事时,迎亲队伍都要到成全巷热热闹闹地走上一趟,以示美满婚姻的"成全"。二十世纪九十年代,成全巷已扩建成宽敞平坦的城中路大道,只有南端巷口东面民房山墙上尚留有"成全巷"三字。后来这里又称红壁弄、柏树头。

昔日状元第前车水马龙,宾客不绝,名噪一时。现状元第所在的马山埠地段,为文物保护单位。马山埠一带有多处名人故居,除了庄氏状元第及三元阁建筑群,其巷西还有清代诗人黄仲则的"两当轩"旧居,中段成全巷西侧有何海樵故居。

旧时,在常州府学前有一座状元桥,桥南巷口有座石牌坊,称为"进贤坊"。

这个进贤坊很有来头,而且在全国科举界影响很大。据记载,北宋大观三年(1109年),全国300多人考中进士,常州就有53人,占全国的六分之一,雄冠东南。陆游慨叹常州"儒风蔚然为东南冠",即由此而发。常州的文名甲于天下,受到宋徽宗的嘉奖和赏赐,宋

进贤坊

徽宗赐褒诏曰"进贤",敕命常州府立坊以记,并亲书坊额,赐"进贤"匾额。"常州进贤受上赏,郡守校官进一等。"于是常州郡守徐申立进贤坊于状元桥南,并建造一座亭子,上书"荣赐"二字,以示朝廷褒常州科举有功。清《常州赋》有"进贤坊荣赐同羡,旌善亭手诏曾题"之句。作为千载读书地的常州,历史上魁星闪耀,科第蝉联,数代不绝。

后来"进贤坊"损毁了,部分残件散落于常州府学(现市二中)内,学校为鼓励后学,在学校内又重建荣赐亭,以纪念当时科举之盛。历史上常州府学的建制相当完备,建筑有泮池、棂星门、大成殿,殿后是明伦堂、尊经阁,堂左为训导署,阁东为崇圣祠,祠后有方池,右为射圃,圃后为号舍。另有文昌祠、乡贤祠、教授署、进贤坊、状元坊、解元坊、榜眼坊、传胪坊、会魁坊等。历代学子在这里为国求学,造福桑梓。

宋代散文家王安国(王安石之弟)作有《常州府州学记》,赞美常州府学为"东南绝伟之观"。"学校兴崇人才,乐育法备令具。劝惩已行,深虑有司失实,尚有遗才使不云乎?进贤受上赏,蔽贤蒙显戮,阅前日宾兴之数,较其试中多寡,唯常州为众……"常州在科考中的荣光,与当地浓烈的向学之风密不可分。南宋大文豪陆游曾撰文称赞:"毗陵多先生长者,以善俗进后学为职,故儒风蔚然为东南冠。"

双桂坊位于南城厢,东起打索巷,西至南大街。想当年这一小小的区域,人文荟萃,巷中有巷,四通八达,宛如一座迷宫,人文底蕴十分深厚,令人流连忘返。常州的双桂坊,见证了常州1000多年的历史,这里有文化的积淀,有各朝各代的名流雅士的足迹,堪称"常州第一街"。

此处原为"季子坊""来贤坊"。北宋乾德五年(976年),寓居此处的宋维、宋绛两兄弟同时考中进士,县令将此地改称"来贤坊"。景祐元年(1034年),同住此地的丁宝臣、丁宗臣兄弟又双双及第,同为进士,一时传为佳话。于是县令将"来贤坊"改成"双桂坊",以示褒奖。双桂坊为昭示后人而树碑立坊,牌坊正中顶端有"圣旨""御制""诰赠""敕命"等字样,以示经皇帝恩赐批准建造。后来丁宝臣官至太常丞博士,卒后,欧阳修为其作墓志铭。双桂坊内还有陈洽祠,这是为纪念明代重臣、兵部给事中、兵部尚书陈洽而建。

清代和民国期间,双桂坊成了特色小吃的集中地,有百年老店多家,如兴隆园菜馆、马复兴面馆、长兴楼教门馆、清真麻糕店、光明酒酿店、美味斋汤团店、豆腐汤索粉店等许多饮食店家。双桂坊周边是常州的文化娱乐中心。许多剧院、电影院散布其间,常州剧院、和平电

双桂坊

影院、大光明电影院、红星剧院、常州书场曾给二十世纪的常州人带来过无穷欢乐。双桂坊正觉寺门口的茶馆是常州人永远抹不去的记忆，是下里巴人和长衫帮都爱光顾之地，那里的老虎灶总是开水滚滚，茶馆里常有说书、评弹和锡剧、越剧清唱，那吴侬软语和甜糯乡音不啻天籁。双桂坊更是常州的文化中心，书院、学院、图书馆、展览馆等见证常州千年变迁，可以说双桂坊是这个城市的历史文化和地方特色的缩影。

县文庙位于前后北岸东边的县学街，旧时这里是武进阳湖的县学，所以称县文庙。县文庙内有大成殿，始建于南宋咸淳元年（1265年），由时任常州太守家铉翁在法济禅院旧基创建。南宋末年毁于战火，屡建屡毁，屡毁屡建。明隆庆六年（1572年），晋陵并入武进，这里改称武进县学。清代时，文庙是武进县学宫的一部分，雍正四年（1762年），清朝实行大县分治，武进划出东南境（原晋陵县范围）设阳湖县，这里又成为武进、阳湖两县县学。太平天国时期学宫毁于战火，同治六年（1867年）重建，现存的文庙大成殿也是那时候重建的。

常州地区有三处文庙，分别是常州府文庙、武进县文庙、阳湖县文庙。府学文庙是祭祀先贤先圣之地，是本地区文化与精神道德的中心，是礼仪教化的殿堂，主要有教书育人、尊经藏书、引领本地教育、组织召集考试等功能。武进县学址在常州府阳湖县署（今常州第一人民医院东），称儒学宫，又称文庙。据现存碑文记载，武进县学始建于元天历二年（1329年），重建于明洪武七年（1374年），以后明、清两代继续修建和扩建，建成石筑棂星门、泮池、明伦堂、礼圣殿、尊经阁、东西斋房、楼房、后堂、射圃亭、碑亭等。在礼圣殿供有孔子、孟子及孔子有名望的门徒弟子。民国时期，县文庙及县学遭到严重破坏，在此空地上建起了公共体育场，后又成为凯乐中学的操场。1956年，常州市政府在此地建工人文化宫。另外，常州现今还存有县学文庙遗址。

县学采取左学右庙形制，即左为县学，右为文庙。宋以后县学多次修建或扩建，清咸丰年间遭兵燹。文庙大门宽阔疏朗，飞檐临空壮观宏伟，古树名木郁郁葱葱、直插云霄。文庙前有棂星门、县学泉、金水桥，后有大成殿、泮池、泮桥、大成门、厢房、碑廊。明代谢应芳有诗云：

邑有孔庙，栋桡欲坠。旧亦有学，湿漏且卑。
惟邑长式，撤而新之。清庙奕奕，门庑阶檽。

文庙

> 圣贤明灵，陟降在兹。黉宇言言，斋有诗书。
> 师友讲贯，朝斯夕斯。射则有圃，书或临池。

文庙是常州庙学合一的儒学圣地，是常州培养人才、选拔人才的重要基地，对常州的教育发展产生了巨大影响，对常州传承儒家思想和中华民族优秀文化发挥了重要作用。据有关资料初步统计，自隋唐开科取士后，常州府共出进士2920名，其中状元15名，榜眼8名，探花11名，传胪6名，另有博学鸿词5名，并涌现了抗倭名将唐荆川、忧国名士东林党人孙慎行、经学大师庄存与、诗学史名家赵翼、著名学者洪亮吉等一大批文化名人。

千年府学奠定了常州千年文脉，成就了常州人文荟萃、人才辈出的辉煌，是常州千载读书地的有形载体。科举考试取消后，旧时的府、县文庙失去了其原本的功能，但依然给人们府学文化的熏陶滋养。

文笔塔最早为太平寺附属标志性建筑。太平寺在齐建元年间（479—482）由齐高帝所建，初名建元寺，俗称塔下寺，唐乾元年间曾扩建。文笔塔又称为太平寺塔，塔高48.38米，底层外径9.8米，砖木结构，七级八面，每层有拱门，旋梯环绕上下。登塔远眺，全城的景色尽收眼底。文笔塔造型优美别致，体态轻盈，风格独异，在古塔中独树一帜。

文笔塔的名字来源于"文笔峰"，取祥光腾现、文昌先兆之意。现文笔塔位于红梅公园南端，是一座富有神奇色彩的古塔，已有1000余年历史。太平寺塔始建时，因蔚为壮观，塔形独特，形似文笔，故称文笔塔。塔寺历经兴废，宋代诗人杨万里有"太平古寺劫灰余，夕阳惟照一塔孤"的诗句。《武阳志余》记载："每至夕阳迫照，金碧灿然，檐隙塔影不过寸许，七级倒垂，晦明不灭。"高耸入云的文笔塔的影子缩到一寸长，这一奇观，吸引了许多江南文人墨客前来探访游赏。

相传每当塔顶有祥光腾现，常州地区必有文人中状元。北宋大观三年（1109年），常州一地中进士53名，占科举之冠，据说皇帝下令改太平寺塔为文笔塔，因此，该塔便成了常州文人心目中的笔魂和文脉，每次考生上京赶考前必登塔祈祷。

旧时常州每年重阳时节，老百姓结伴去东郊的文笔塔登高，以求文昌星高照、学习进步、仕途发达、事业有成、高朋满座等。

红梅阁位于常州市区红梅公园的东南隅，始建于唐昭宗年间，唐末属水田寺，后归荐福寺，传为北宋道教南宗始祖紫阳真人张伯端著经处。宋淳熙年间，寺阁全部烧毁，元代重建

文笔塔

后改名"玄妙观",明洪武五年(1372年)在玄妙观的基础上再建。

红梅阁前有四柱石坊,坊上阳刻"天衢要道"四字,有明崇祯时题款。两旁石柱楹联为"道有源头,立言立功立德;工无驻足,希贤希圣希天"。多重石台阶供人们拾级登临。宋代红梅阁曾作为地方考生应试的考场,后又成为玄妙观的附属建筑。现存大殿楼阁建筑为清光绪二十六年(1900年)重建。该阁建于2米高的石台上,重檐飞甍,气宇轩昂,砖木结构,重檐临空,歇山顶,下有回廊,斗拱翘角,气势壮观。阁高17米,分上下两层,四周原筑垣墙,现改为石栏杆砌围。南端有云鹤纹石坊,下有石级,为出入通道。周边遍植红梅,每逢梅花盛开之际,红黄相间,香雪遍野。红梅阁历代题咏颇多,清朝常州籍著名诗人赵翼曾如此礼赞红梅阁美景:

出郭寻春羽客家,红梅一树灿如霞。
樵阳未即游仙去,先向瑶台扫落花。

红梅阁内外壁间至今犹存紫阳真人石刻像、著经处及建阁碑记等石刻。阁前冰梅石柱,为元代天庆观牌坊石柱原物,今存其一。此柱石沥纹起作冰梅状,俗称冰梅石,其色莹白有光,里中传为奇观,清乾隆《常州赋》称"甲于哥窑"。石柱为圆形,长2.5米,直径0.4米。只因冰梅石"其纹奇巧,迸出石上分许",形似梅花,又为白色,其珍贵之处还在于花形多变,据说此柱石花的形状能随季节更替而变化。

天宁寺雄踞常州东门外通吴门东,前临举世闻名的京杭大运河,后倚常州红梅公园,是常州现存规模最大、保存最完整的千年古刹。天宁寺被誉为"东南第一丛林",特点是五大:殿大、佛大、钟大、鼓大、宝鼎大。

唐永徽年间,法融禅师来常州,开创天宁寺基业。唐天复年间,维亢和尚在此正式建寺,初名广福寺。北宋熙宁三年(1070年),改为万寿崇宁寺,政和元年(1111年)改为天宁寺。清乾隆皇帝六下江南,曾三次到天宁寺拈香顶礼,并亲笔题写了"龙城象教"匾额和"合相证三摩,光融西竺;众香超万有,界现南兰"的楹联。这里香火鼎盛,寺内主要有八殿、二十五堂、二十四楼、三室、两阁等建筑,总面积超过110亩。罗汉堂内,五百罗汉个个金身雄伟,神态各异,栩栩如生。大雄宝殿是全寺最大的佛殿,供奉三尊大佛,俗称"三世佛",即正中的释迦牟尼佛、东方药师佛及西方阿弥陀佛。大殿两侧墙上嵌有石刻罗汉像518幅,其艺术水

红梅阁

平之高较为罕见，被视为寺中瑰宝。大雄宝殿左右两侧分别是地藏殿和观音殿。在地藏殿的西、南两侧，观音殿的东、南两侧的长廊上有砖刻的五百罗汉像，罗汉像神态各异，栩栩如生。大雄宝殿后面还有藏经楼等建筑。据说天宁寺中的观音、地藏、普贤、文殊四殿象征着普陀、九华、峨眉、五台四山。所以过去人们常说，凡到天宁寺烧过香的，就如同已参拜过佛教四大名山了。天宁寺附近还有红梅阁、文笔塔、舣舟亭等名胜古迹。

天宁宝塔在外形上采用了唐宋古塔的风格，八角飞檐，形态端庄，简洁粗犷，气势宏大，塔内每层置铜匾，飞檐翘角置风铃。塔林有2000多尊汉白玉小宝塔，整块汉白玉的护栏上镌刻着经文。宝塔首次使用刻有如"龙城象教"等佛教吉祥语的青铜铭文瓦，塔身外饰5万块镌佛玉石，整座宝塔壮观、厚重、典雅。

近园又名静园、恽家花园，位于化龙巷长生巷内，为江南私家园林之杰作。

时任江西提学的清顺治年间进士杨兆鲁，在外为官多年，终敌不住风雨和岁月，于康熙六年（1667年）因病还乡。杨兆鲁看中了龙城书院"注经堂"后的一块废地，于是买下地建园筑宅，凿池堆山。历时五年，已"近乎园"，主人故将此园谓之"近园"。对于私家园林来说，有六七亩地，数十间房，已不是"近乎园"的概念，而是确确实实拥有一园之胜，寻常百姓不可多见。主人在园内开凿鉴池，池周环以亭、台、楼、轩，池北建有西野草堂。西野草堂坐北朝南，辅以奇草异木，成为主人迎来送往的重要场所。从造园艺术中，我们可以看到主人归隐后的意境：园之中央为全园最高处，周围环水，堆置假山，筑亭一座，名"见一亭"；左有层楼"天香阁"，右有书斋"安乐窝"，临池有"得月轩"，园西有"秋水亭"。园内回廊匝绕，过"虚舟"可入"容膝居"，过小桥可达"三梧亭"，亭下有"垂纶洞"，西南辟有菊圃，圃前筑以"四松轩"，轩左建有"欲语阁"，园内栽种树木数百株……如此近园，给人以城中山林、会稽兰亭之感。杨兆鲁筑园，一方面是为了告老还乡后过上悠闲的生活，另一方面是为了寄托自己的一番情怀。近园中的山水花木，亭台楼榭，精细而雅致，处处体现了"淡语皆有味"的意境。其园林的造景，格局不俗，质朴大方。近园的亭台楼榭等建筑，大多山环水绕，错落有致，非常注重比例的适度。小径往还，清幽自然，极富"远山近水自成趣"的意境，体现了"天人合一"的中国文化。园成以后，杨兆鲁便邀王石谷、恽南田、笪重光等书画名家在园中雅聚，作画题诗。杨兆鲁自撰《近园记》，王石谷作《近园图》，笪重光题跋。清初书画巨子相聚常州，可谓盛事，一度成为州人佳话。

天宁禅寺

清同治初，近园已归士绅刘云樵所有。至清光绪十一年（1885年），邑人恽彦琦又以6万两银子从刘家购得近园。经恽氏修葺后，近园改称"静园"，时人又称"恽家花园"。近园现已是国家级文物保护单位。

寄园位于城东白家桥的上塘，为钱鹤岑所置地建造，境极清旷，内有九峰阁、云在轩、望杏楼、遂羲堂、紫薇堂、友竹轩等胜迹。园中花木繁荫，门临运河，窗见绿野。本邑名士钱名山先生曾在此设坛讲学、教书育人。

寄园是二十世纪初的私家书院，历史文化价值极高，此处培养了许多有识之士、名人雅士。旧时书院是古人读书、讲学、做学问的地方，书院形成的文化，涉及物质文化、精神文化等多方面内容，经过千百年的传承和创造，书院文化对推动中国传统文化的发展，起到了积极的作用。寄园由光绪元年（1875年）举人钱向杲、光绪二十九年（1903年）进士钱振锽父子在百年前创建。钱振锽（1875—1944），字梦鲸，号谪星，后号名山。他曾得到晚清朝廷的赏识，在京城任刑部主事。后来，亲身的经历，使他对腐败无能的朝廷感到彻底失望，于宣统元年（1909年）毅然弃官返乡，在常州菱溪家居住地读书、教书、著书，兼以鬻书（卖字）为生。最初，他只是为一些好学的家族子弟讲学，后来他的教学有了影响力，来求学的人越来越多，菱溪家居住地地方太小，他就把几乎已经荒废的钱家林园重修，并冠名"寄园"，在研究国学经史的同时，收弟子行教授，以"多一颗种子就会多一分希望"的理念，对寄园倾注了半生心力，使其成为常州文化和教育的标杆。钱振锽本人也成为颇负盛名的私人教育家，被誉为"江南大儒"。他一生著作甚多，主要有《名山集》《名山诗集》《名山词》《名山文约》等。常州自古文风盛行，书院众多。从1909年起到1932年止，办学20多年的寄园，是常州最后一个古典书院。如果说道南书院、龙城书院为常州奠定了"高扬的文化风骨和坚实的学术底蕴"，那么寄园则在二十世纪初传统文化严重滑坡的时代背景下，为常州文脉的继承延续做出了贡献，为常州留下了宝贵的"读书种子"。钱振锽不仅继承了儒家传统的"达则兼济天下，穷则独善其身"的济世情怀，同时也把"为天地立心，为生民立命，为往圣继绝学，为万世开太平"作为自身的崇高使命，并在寄园"快雪轩"的柴扉上挂起一副"请回俗士驾，笑读古人书"的对联，以示"清逸之气，儒雅之风"的寄园精神。这里"无丝竹之乱耳，无案牍之劳形"，形成了实事求是的寄园精神，做学问的人们纷至沓来，其中有温州人郑曼青，北平以诗画著称的陈师，《中央日报》首任社长程沧波，江南才子谢玉岑，著名画家谢

近园

稚柳、马万里、邓春树，诗人伍受真、王春渠、钱小山、钱仲联、谢伯子等民国年间的有识之士、名人雅士。

常州寄园与民主革命家、思想家、国学大师章太炎1934年在苏州创办的"章氏国学讲习会"、近代著名教育家唐文治创立的"无锡国学专修馆"齐名，三者各有千秋，相互应和，形成三足鼎立之势，被后人称为民国时期的"江南三大书院"。

东坡公园位于古城的通吴门与舣舟亭之间，京杭大运河之畔，是为纪念苏东坡而建，是一处自然风景与人文景观相得益彰的古典园林。该园内有苏东坡当年来常系舟之处、东坡洗砚亭等古迹。这里还建有万寿行宫。新中国成立后，万寿行宫旧址扩建为东郊公园，后又名东坡公园。

东坡公园不但古迹丰富，而且造景优美，园内山石堆景，走廊相连，松竹花木错落有致。御碑亭东北假山旁有东坡洗砚池，该池长1米，宽0.5米，深0.5米，以青石凿成，是当年苏东坡临池洗笔之处。该池原在东坡故居藤花旧馆内，在乾隆第二次下江南时，被移至舣舟亭。园中心有一水池，池边有龙亭。龙亭造型奇特，是亭榭结合的建筑，顶部有二龙。乾隆皇帝曾在此赏景，并召见地方文人。龙亭南有御碑亭，亭内保存乾隆皇帝南巡时所写的六首诗的碑刻，这些诗表达了他对苏东坡的崇敬以及对地方官员的要求。

东坡公园沿运河向北即御码头，乾隆皇帝曾多次在这里上下龙舟。御码头北有广济桥，俗称西仓桥。此桥建于明正统十二年（1447年），原在城西横跨运河，后因运河拓宽，于1985年移到此地。因运河裁直取弯，故舣舟亭东岸形成一核心小岛，名曰"半月岛"。该岛形似巨轮，也像一颗宝珠。岛边双层长廊环绕，岛上亭台楼阁、湖石假山参差错落，疏朗有序。主建筑仰苏阁矗立在岛中央，与舣舟亭遥相呼应。

舣舟亭位于东郊大运河畔，为北宋文学家苏东坡来常泊舟处，南宋时已建此亭。康熙、乾隆南巡，重修舣舟亭。舣舟亭在清咸丰年间毁于火灾，新中国成立后重修并建园为东郊公园。此处林壑蔚秀，水石清奇，大运河绕亭东流，景致优雅。

苏东坡曾到过常州十一次，最后终老于常州，但他真正系舟此地实际上只有两次。一次是北宋熙宁六年（1073年），他从杭州途经常州去镇江，曾在除夕孤舟野宿城外东郊，并作《除夜野宿常州城外二首》：

中国风俗图志·常州卷

寄园

其一

行歌野哭两堪悲,远火低星渐向微。
病眼不眠非守岁,乡音无伴苦思归。
重衾脚冷知霜重,新沐头轻感发稀。
多谢残灯不嫌客,孤舟一夜许相依。

其二

南来三见岁云徂,直恐终身走道途。
老去怕看新历日,退归拟学旧桃符。
烟花已作青春意,霜雪偏寻病客须。
但把穷愁博长健,不辞最后饮屠苏。

苏东坡第二次系舟于此是在北宋建中靖国元年(1101年)。他从海南归常后,住在顾塘桥头孙氏馆,病中一日,天气闷热,他为图"快风活水",一洗病中滞涩之郁,半夜泛舟运河至此系舟。其时,夹岸观者众多,全城轰动。乾隆皇帝因仰慕苏东坡的文才,曾多次追寻东坡踪迹到过此地,并在这里建造行宫。园内现留有乾隆皇帝的亲笔御碑6块,碑文记述了他南巡时的盛况,表达了他对苏东坡文才的颂扬之意。御碑亭旁假山丛中有一方从藤花旧馆移来的东坡洗笔曾用过的洗砚池。

舣舟亭重檐历经沧桑,几度重修,现在的亭子,四角双檐飞甍九脊,饰有精美砖雕和木雕,亭顶有二龙戏珠,还有苍松仙鹤、神龙游鱼等图案,古雅精致,甚是好看。"舣舟亭"三字为摹乾隆手迹,正面石柱镌刻楹联为"舣舟亭畔喜留东坡居士,洗砚池边曾驻西蜀诗人""二月江南好风景,故人此日共清明"。楹联表达了后人对苏轼的爱戴和怀念,读来引人遐思。这里现为市级文物保护单位。

白云古渡旧时称云溪古渡,在唐家湾至日新街段,明末在此设渡口。北有白云禅院(即晏公祠),东有魁星阁,南有瓯香馆。渡口原址立有木牌坊"白云古渡",系清代著名书法家庄怡孙所书。该渡口于二十世纪五十年代中期毁圮。

旧时常州城内这条闻名天下的白云溪,开凿于晚唐五代时期。白云溪从城西朝京门外引京杭运河水入城,转折向东,穿城而过。白云溪北面驳岸青石小街,南端骑楼靠水民居。两岸粉墙黛瓦,古树掩映,风光幽雅秀美。码头边停泊着随波荡漾的船只,临水而居的人们享受着市井风情。特别是在蒙蒙细雨的日子,这里一切都被染上隐约朦胧的色彩,俨然一幅天然

中国风俗图志·常州卷

东坡园

的水墨画。此处水面空阔，风光优美，垂柳依依，闹中取静，是闭门攻读、居家休闲的绝妙所在，真可谓独一无二的风水宝地。沿街临水是砖雕石库门，门两旁蹲着抱鼓石狮，门前溪畔竖有照壁，照壁后是花岗岩石码头。码头边绿杨掩映，扁舟荡漾。清代著名画家恽南田有《白云古渡》诗歌赞道：

> 暮色苍苍落日斜，孤舟深处两三家。
> 苍波渺渺无人渡，撑个扁舟看晚霞。

从顾塘桥到白云溪，宅院相连，两条河所夹之处，如今我们叫它"前后北岸"。白云溪三面环河靠水，世居诗礼簪缨之族、钟鸣鼎食之家，这一带可以说是旧时常州文脉所系之地，用现在的话说，就是"学区房"了。周边有大文豪苏东坡卜居的藤花旧馆、状元杨庭鉴府第、探花管绍宁府第、状元吕宫府第、状元赵熊诏府第、状元庄培因府第、探花赵翼府第、进士蒋汾功府第、道台徐孟祥府第、大诗人黄仲则的两当轩，以及清代大画家恽南田的瓯香馆。这些人家，除"全家都在西风里，九月衣裳未裁剪"的苦吟诗人黄仲则外，均是世世科名，奕奕缙绅，显赫门第。清代的"常州画派"创始人恽南田和"今文经学派"创始人庄存与及乾嘉年间诗坛著名的"毗陵七子"中的五位就曾住在这里。明清两朝，常州出了五位状元，有四位也曾寓居于此。

旧时每年五月赛龙舟即在白云溪举行，这里是"云溪竞渡"场景所在地，《武进县志》中记载："夜龙舟之戏，四面各垂小灯，竞渡如白昼。"其时，全城居民都拥向这里观看赛龙舟。沿岸居民，还把远地亲戚迎来观赏龙舟，人多得连阁楼的窗户内都挤得满满的。光绪年间常州诗人恽毓巽曾写过一首诗：

> 凭楼闲看划龙舟，帘卷轻容软如烟。
> 见说蓝旗将拢岸，隔窗抛下镂金钱。

极为可惜的是，几十年前，因修筑道路和防空洞，白云溪遭到破坏。时光流转，顾塘溪和白云溪早已被填平为延陵西路和迎春步行街。

清凉寺又称清凉禅寺，原址在城东南大南门外、德安桥南。始建于北宋英宗治平元年（1064年），初名报恩感慈禅院，延洞云深禅师为开山祖师。南宋理宗淳祐八年（1248年），常州郡守李迪为祭祀胡宿，在寺内立胡文恭公祠。元末寺与祠俱毁。明成祖永乐元年（1430

中国风俗图志·常州卷

舣舟亭

年），报恩寺始移建于现址。明代宗景泰五年（1454年），礼部尚书胡滢因念祖先胡宿曾任端明殿学士，且有祠在寺内，遂奏请朝廷改报恩寺为端明寺。

清凉寺自北宋始建后屡毁屡建，几度兴衰，历经沧桑，光绪三十年（1904年）复名清凉寺。该寺在草创时规模并不大，但由于僧人"道行超卓"，所以乡里闻名。北宋大文豪苏轼寓居常州时常住清凉寺与寺僧谈经论法，在寺壁题诗甚多。明永乐时重建后，寺院规模渐臻宏伟。明正统六年（1441年）在无一聚禅师主持下建大雄宝殿。清康熙年间重建大悲阁和藏经阁。嘉庆二十二年（1817年），两阁毁于火灾。道光四年（1824年）邑人石庆山集资重修山门、佛殿。咸丰十年（1860年）又毁于战火。后住持静波禅师在废墟上相继建成大雄宝殿、天王殿、藏经楼、法堂、禅堂、法融堂、海镜堂、大悲阁、荷花厅等殿堂楼阁300余间，建成后规模在当地仅次于天宁寺。

清凉寺建筑采用四合庭院封闭式格局，其主体建筑天王殿、大雄宝殿、大悲阁、海镜堂、藏经楼均位于中轴线上。该寺建筑尤以禅堂和藏经楼最为有名。禅堂位于藏经楼南侧，为回字形转楼，建筑别致，其规模之大，较为罕见。藏经楼为七开间三层，是僧人阅读藏经、讲经、研究佛法、受戒登坛、研究佛教礼仪之所，藏有明代宗所赐《大藏经》一部及慈禧太后所赐《大藏经》（《龙藏》）一部。1942年特设关房18所，可供18位大德僧伽同时发心坐关、钻研佛法。

江南水与桥

如果说有一条水道成为常州这个城市千年繁盛的重要保证，那么这条水道就是京杭大运河。京杭大运河始建于春秋时期，成于元代，东南漕粮皆经此河输往京城，故又名漕河。在历史上京杭大运河是沟通南北文化及沿岸商贸转运的交通要衢。

常州段古运河自西水关入城，经东下塘穿城东行，出东水关，过太平桥，绕过舣舟亭东流。新中国成立初期，运河段有跨河桥梁数十座。随着常州古城的扩大，城内运河不断发生变化。最早的运河，唐代漕渠是由子城河、护城河、西市河（前河，就是西水关、表场至青果巷段）组成。宋代城内的顾塘河（白云溪）沟通子城河与运河。元代运河漕渠从青果巷（前河）南移迁出城内，至罗城外的城南渠，运河绕城而过。到了明代正德十六年（1521年），大运河与常州城相依相随，绕城由西向东流。

如今，常州市区内的古运河，西起笆箕巷，东到东坡公园，与常州最繁华的延陵路并驾齐

中国风俗图志·常州卷

白云溪

驱,是古运河的经典观光线路。运河内有画舫可供乘坐,游客可坐在船上品茗赏景,倾听千年运河两岸的故事,体验浮生半日闲,也可登岸深入运河两岸的市井生活,从乾隆数次上岸的篦箕巷大码头走入古巷。百来米的巷子里有明代仅次于金陵驿的江南大驿——毗陵驿,有清代常州城三大接官亭之一——皇华亭,有老常州西郊八景中的篦梁灯火、文亨穿月,有"宫梳名篦"美誉的百年老店"真老仆恒顺梳篦店",有常州保存最完整的明城墙——西瀛门,有千年古禅寺——天宁禅寺,有神州第一佛塔——天宁宝塔,有北宋大文豪苏东坡系舟的东坡古渡,更有环境清幽、历史悠久的东坡公园。

江南古城常州是依赖河道而发展起来的,是名副其实的水乡。"小桥流水人家"是常州人的生活写照,城依河而建,因河而兴。运河使得这座城市经济繁华、交通繁忙,更带来了人文景观和文化内涵,形成了具有鲜明特色的运河农业、经济乃至生活。如今京杭大运河为世界文化遗产,常州段也成了一条融风景名胜和历史人文景观于一体的旅游景观走廊。

文亨桥是常州老西门(即朝京门)外京杭大运河上的第二座大型三孔桥,造型与西仓桥(广济桥)相同,也是江南桥梁的典型代表。文亨桥始建于明嘉靖二十七年(1548年),因较始建于明代正德年间的西仓桥稍晚,故民间俗称其为新桥,久而久之,大家忘记了它的真名。1987年,因整治运河拆除该桥,按原桥缩小比例调转90度,重新移建于运河与市河交汇处。

据《武阳志余》载,有邑人吴龙见记:"毗陵郡西,朝京门外有桥曰'文亨',跨东西运河,在古驿东南隅。"新桥与西仓桥两桥相距不甚远,堪称姐妹桥。

文亨桥属对置排列式石拱桥,全用青石构筑。桥面正中嵌置浮雕莲纹正方巨石一方,桥面东西两侧是沿嵌砌石栏板和顶端浮雕云纹装饰的望柱,两侧桥额均刻有"武进县文亨桥"六字楷书,两侧拱圈处各有桥斗4个。桥高9.92米,全长49.2米,两边小孔跨径各为6.1米,中孔跨径11.6米,南北各有石阶49级。它是常州石拱古桥中最高和最长的一座。古桥造型挺拔雄伟,《武阳志余》中称常州桥梁中"唯文亨雄杰未之冠"。每当秋夜时分,三个环洞中均能看到明月倒映的迷人景色,这就是闻名遐迩的西郊八景中的"文亨穿月"了。

地处石龙咀与土龙咀之间的文亨桥,是城隅附近的交通要道,来往船只频繁,《武阳志余》记曰:"文亨为南北锁要,粮艘上下,轮蹄交错。"可见其地理位置非常重要。文亨桥旁的篦箕巷,曾称花市街,出售各种绢花,还特制各种进贡的绢缎宫花,后成为梳篦产销

中国风俗图志·常州卷

清凉寺

地。篦箕巷沿河店店相连，夜晚灯火辉煌，形成了"篦梁灯火"的奇特景观。

该桥之所以称"文亨桥"，是因为民间认为此桥与"文昌星"有关，这与古代科考有着密切的关系。凡是赶考之生，必要爬上文亨桥旁"近水阁"中的文昌阁敬拜。文亨桥旁的近水阁茶楼，是常武地区第一家有文字记载的茶馆。它两面临水，一面倚桥，楼呈翘角亭式，三面开窗，通风明亮。坐在茶楼内可听见桥下流水潺潺，到了晚上可见渔火点点，颇有韵味。茶馆内还设滩簧道情、说书、吴歌等曲艺节目，馆内还配以点心小吃，因此，那时来此消遣的人们确实会有流连忘返的感觉。

广济桥又名西仓桥，坐落在西直街西段，跨京杭大运河，连接西圈门和三堡街，为三孔石拱桥，是城内最高的运河桥。

广济桥因所在河段非常繁华，是著名的漕运集散地和西门大粮仓所在地，故又称仓桥。据清光绪《武进阳湖县志》载，明正统五年（1440年），于河南设西仓，有屋二百余楹（间），存储全县漕米。随着"西仓"名声的远播，群众习惯称该桥为"西仓桥"。可以想象，当时桥上桥下，米船、豆车绵延不断的繁盛景象，那情形当与《清明上河图》无异。此桥最初为木质桥，但因河阔人多，木桥存在安全隐患，明成化十七年（1481年），由南京兵部尚书、应天巡抚王恕，常州知府孙仁倡议改建为三孔石拱桥。重修后的仓桥雄伟坚固，改名"广济桥"。"广济"二字，意为"仁爱广博、大济苍生"，寄托了在物力维艰的年代里，有良知爱心之人"达则兼济天下"的情怀。广济桥系纵联分节并列式镶边三孔连拱桥，原南北走向，有桥楣。桥长48.25米，高9.79米，宽6.4米，两边各有石级48级，两端孔径6.8米，中孔跨径12.6米，是常州市区古代石拱桥中跨径最大的一孔。明隆庆元年（1567年）桥圮，知县谢师严重建。清康熙五十七年（1718年）又圮，知县孙说劝捐重修。西仓桥和常州东门外的东仓桥遥遥相对。东仓桥倒塌之后，西仓桥从此形单影只。

如今，广济桥已经在东坡公园半月岛旁静卧了。1986年因运河通航，常州运河拓浚，西仓桥需要拆除，按原型移建舣舟亭公园内半月岛。东坡公园附近运河取直，形成半月岛。岛上居民悉数迁出，原来的部分水面成为运河故道，广济桥就架在这段故道上，成为东坡公园与半月岛相连的唯一通道。新广济桥完全是旧桥的"克隆"，重建的新桥完全保持了原来的风采，只是它往昔承载的是百姓的生计，如今呵护的却是游客的闲情。

世丰桥，位于马山埠与小营前之间，跨后河，北通成全巷。

中国风俗图志·常州卷

大运河

世丰桥始建于1934年,由邑人胡世丰独资捐建,故以其名"世丰"而命名。胡世丰原籍安徽休宁县,生于1875年,光绪十六年(1890年)来常州,就业于胡仁布号、大丰仁布号。他为人好义,常行善举。与世丰桥相连的成全巷口原只有渡船,行人十分不便,胡世丰便独资建石桥,并亲自监造,故世丰桥在常州人的心目中印象尤深。

世丰桥为条石平板桥,桥两端有桥楣,这在江南石板桥中极为罕见。桥面由花岗岩石条组成,每3块为1组,由3组各长3米以上的花岗岩石条连接而成。桥下有两个花岗岩石墩做支撑,桥面下呈三拱,为了安全,桥面两边有半米高的花岗岩护栏。桥楣上和护栏上有清代进士钱名山、潘鸣球,举人费久大、邱洵等题写的桥额、桥联。在城中的白云溪上除了"白云古渡""唐家湾""后北岸",还有世丰桥作为连接两岸的纽带。这条白云古溪,几乎孕育了整个常州古城的人文历史,在某种程度上可以被认为是古城常州之"文脉"所在地。在二十世纪七十年代,河道被填平,并建了人防工程,世丰桥被拆毁了,白云溪从此也消失了。

迎春桥始建于元致和年间,明天顺年间重建。位于局前街与北后街之间,跨子城河,因在子城迎春门外,而取桥名"迎春"。老常州人习惯将"迎春桥"称为"航春桥"。该桥于二十世纪八十年代拆除。

迎春桥原为单孔石拱桥,至民国年间,在原有的桥基上和桥栏南北二面建有四柱桥楣,桥楣中并有摆台作迎春仪式之用。旧时每逢立春日,地方官员绅士全副仪仗列队、扛抬祭品、持鞭扎炮,在此举行迎春礼仪,并与老百姓一起开启春耕模式,祈求风调雨顺。该桥造型独特,为江南石桥之少见,艺术价值极高,被称为江南迎春第一桥。迎春桥东南为县学街,迎春桥向东,原称北后街、和政街,至小北门直街(后为和平路),其中有周家弄、顾家弄、鹤园弄等。旧时北后街东头南向有黄石街,黄石街北通北后街,南接小北门直街至玉梅桥。向西有坡园弄,弄内有多个高墩。过坡园弄向西即洗马桥、学西街,现为县学街,连接县文庙。

在县学街迎春桥畔,不但有赵氏状元第,还有阳湖县衙,后来这里建成了武进医院(即现在的常州第一人民医院)。在迎春桥头河畔两岸,旧时有许多私家码头。过了迎春桥就是唐家湾了,旧时此处为文人雅士、迁客骚人集居之地。

五洞桥位于三水相汇、三桥相连的常州武进和无锡宜兴两邑交界处,桥的中心线为两县分界线。这座桥因有五孔,故名为"五洞桥"。桥全长31米,宽近3米,高约3.5米,中孔跨径5.3米,是江南典型的临河纤道式长桥。该桥由乡民共同募捐建造,成为两县人民合力治水、

中国风俗图志·常州卷

文亨桥

兴办交通的典范。

五洞桥所在地曾经是常州通往陶都宜兴的主要通道，这里人来船往，商贾云集，舟楫渔歌，繁华无比。550年光影弹指一挥，繁华与落寞就在转瞬之间，一座古桥见证了历史变迁。而今，落日的余晖与苍老的古桥，似乎还在诉说着曾经的辉煌，感叹着世事变幻。关于五洞桥，流传着这样的故事：当年夏坊村的五洞桥应该造十五个孔，后因常州府官员批错了图纸，把"十五洞桥"造在了河面较窄的牛塘白鱼港。夏坊的五洞桥建成后，因跨径太短根本不能连通两岸，因此只能在一岸再建土坝。现存的五洞桥，也不得不与后造的两座桥相连，才解决了交通问题。

据史料记载，五洞桥又称金莲桥，建于明成化年间，清道光十七年（1837年）重修。五洞桥为花岗岩石桥，由五个连环形洞体相连接构成桥体，两头各有一对造型精美的"龙头"，可惜已被人为拆毁一个。主桥洞跨度5.3米，其余桥洞跨度分别为4米和2.9米。二十世纪三十年代抗战时期，驻此通道的日伪军在桥两头设有"竹篱笆"，在此对过往行人、船舶进行检查，并设有检查封关所，因此老一辈人称它为"检封所"或"检封桥"。该河段由三座拱桥连接在一起，其中一座是高桥，高桥桥洞高度为9米，是西乡农民前往江南四大米市之一的无锡吴桥必经的桥洞，也是唯一通道。经过此处的船舶的桅杆是不用落下帆布的。高桥在二十世纪七十年代中期因桥梁失修而拆除，在桥址处由当时的武进县桥梁工程队建成了现在的水泥石拱桥，但高桥大型花岗岩木渎石条至今还在。

五洞桥这样的古桥，在江南地区已成为宝贵的历史文化遗产，它见证了这一地区的时代变迁，同时也为研究古代桥梁建造史提供了难得的实物资料。

石龙嘴又称龙嘴、龙舌尖，在米市河与南运河口，大运河与南运河之水在此分流向南。沿河是狭长的半岛，筑有石驳岸，立有"江湖汇秀"石碑。此石龙嘴的坝犹如水中鱼形之鲛龙，石坝北端阻拦长江来水，此处浪花高溅、吞云吐雾、声如闷雷，颇为壮观，由此获名"石龙嘴"。因半岛似龙嘴伸向水中，犹如龙舌，故又称龙舌尖。后因拓浚运河，龙嘴废弃。

据史料记载，这里所说的南运河为春秋时范蠡所开凿，至宜兴段又称常宜运河。历史上宜兴属常州管辖，两地商贸物流以水道为主，船辑繁忙。但因地势平坦和水流回流，南运河前段泥沙易于淤积，经常需要疏浚。元代时，为补充常宜运河水量，也为冲刷沉沙，地方治水官员借鉴都江堰之法，在大运河中，砌筑长约200米、宽近20米的石坝，将来自长江之水导引入南运

中国风俗图志·常州卷

广济桥

河。这样就在增调水量的同时,又利用石坝拦截的水位高差,冲刷沉淀泥沙,不但解决了河道淤塞问题,还为船户解决了安全航行问题,真可谓一举多得。

石龙嘴是明代常州建造的重要的运河水利工程。由于石龙嘴地处运河与南运河交汇处,运河与长江相通,南运河与滆湖、太湖相连,因而一到夏季汛期,就可将长江水通过大运河的石龙嘴导入滆湖、太湖;冬季运河进入枯水期,滆湖、太湖的水便可通过南运河石龙嘴汇入大运河。因此,石龙嘴就类似都江堰水利工程,起到调节江水、河水、湖水的功能。石龙嘴还可以调节市区运河水量,起到灌溉良田的作用。以前每到汛期,当船户从运河驶入南运河时,由于水位差较大,极易翻船。后来有了石龙嘴的水位调节功能,船行到此也能安全通过。所以,石龙嘴是为民造福的一大水利工程。

石龙嘴在数百年间,为民生和当地经济发展发挥了极大的作用,因而名声大震,成为闻名遐迩的常州一景。在石龙嘴对面,有运河和锁桥湾在此交汇,河面上有卧龙桥、锁桥。运河两岸白墙灰瓦的古代建筑,杨柳半掩的石桥流水,让人回想起常州当年秀丽的江南景致。

随着城市的发展,在二十世纪七十年代,这些景观随运河改道而消失殆尽,令人惋惜。

米市河原名石皮场,位于西运河南岸,东起怀德桥,西至南运桥,全长315米,宽约7米。街两边多为江南大米集散店家,以零售批发为主,街道因米集市而得名。明正统五年(1440年),朝廷在江南广建"天下粮仓",而在此运河东西建粮仓,此地为西仓粮库。

西运河南岸的石龙嘴向运河主航道延伸近50米,与南运河形成一个小夹角,方便河运粮船交接,因此商家相继来此开设米行、粮行。清乾隆三十三年(1768年),西直街敦仁堂石碑记载:"自京口至丹阳以至常,均属商贾之集,设有大陈粮行凭客巢夥。恐各牙行斗斛大小不齐,奉宪复设牙行量斛……"这说明早在乾隆年间,从镇江到常州沿河已经有相当数量的粮行。清同治二年(1863年),常州东门吴公和米店、西门成怡沅米店已经设臼舂米,每天出米400—500斤。同治九年(1870年),常州专业性的粮行已有顾大防、刘启新、薛沅泰等10余家。光绪十六年(1890年),宝兴泰堆栈首创牛磨人工碾米。宣统三年(1911年),徐永昌米号始用引擎带动碾米,所出米称机米,一时效仿办厂碾米者甚众。据1926年实业名录载,当时在石皮场一带开设的米行就有元大裕记、同信泰、同裕昌、朱恒大、福泰祥、信泰昌衡记、通大顺、裕丰仁、广大润记、宝和泰兴记10家米行,还有同和泰、源泰昌、董乾大、宝源大4家粮行。由于米业兴旺,客商云集,遂将原石皮场改称米市河,这里成为常州市又一具有行

世丰桥

业特色的街市。

常州的米业与农业丰收歉收关系极大：农业丰收则粮食货源充足，粮行压价收购，即便按常价出售亦可获利丰厚；农业歉收，货源不足，他们则从外地购货，高价出售，仍能获利。1929年常州粮食歉收，粮荒严重，商家利用外地倾销的大米大发横财，宝兴泰、瑞沅、宝和泰、新盛源、成怡沅等米厂、粮行成为暴发户。当然也有投机失算的，1931年各地农业丰收，粮价暴跌，百年老店成怡沅米厂因囤积洋米而致倒闭，新盛沅米行资方陈和尚因负债导致精神失常，患疯癫病而死。

米市河曾是江南米市的风向标，但这一功能在社会发展的浪潮中于二十世纪六十年代逐渐丧失。

遥观塘桥又称白塔塘桥，位于遥观镇东南的塘桥南街头，因塘桥旁有著名的白塔而远近闻名。塘桥全长23米，宽3.5米，高5米，两边各有石阶23级，是一座花岗岩单孔石拱桥。该桥始建于康熙三十三年（1694年），乾隆十五年（1750年）重修。2004年5月，因桥垛倒塌，影响航道，该桥由市航道处拆除，白塔孤身立于此河畔。塘桥与白塔如一对难舍难分的恋人，如今桥已不在，只留白塔诉说着历史。

白塔修建年代已不可考，但根据上面的刻字，可以看出其悠久的历史。该塔由灰色青石仿楼阁式雕凿叠筑而成，六面七级，高3.4米。石塔筑于周边呈花瓣形的平面基座上。塔身各级六面浮雕出屋檐瓦棱状，屋檐下有浮雕佛龛及形态各异的佛像，塔顶为葫芦形塔刹。塔身正南面上部镌有"白塔塘桥"四字，下面刻有蒋宗龄撰跋：吾镇白塔不知始于何时，但考之志乘、稽之父老，皆谓有明以来即有此塔，相传为白塔塘桥云……老街人杰地灵，出过清朝秀才张文蔚、蒋志祺，当代书画家蒋风白等名人。传说，清朝一些文人墨客喜欢乘船到塘桥老街游玩赏塔。一次，一位文人上岸后指着白塔对路过的乡民说道："我现在出上联——'一塔巍巍七级六角四方'，塘桥可有什么人能接下联？"过路人听见后，都摆了摆手。半晌过去了，都没人接上。就在这位文人暗自得意之时，塘桥秀才蒋志祺经过，说："我们塘桥人都回答你了啊，下联就是'只手摇摇五指三长两短'。"文人听后因为自己的自大而羞愧，赧然离去。

如今，"塘桥虽不见，白塔依然在"，塘桥老街受到了越来越多的关注，在第三次全国文物普查中，塘桥老街的张宅被认定为常州市文物保护单位。

中国风俗图志·常州卷

迎春桥

相传，在春秋战国时期，越国大夫范蠡助越灭吴后，与西施隐居在今天的寨桥一带，成就了一段千古佳话。人们为纪念范蠡，便把这一带称作"蠡塘"。蠡塘一带形成街市后，这里自然就成了蠡塘镇。建镇后，街上人丁渐旺，人们便在镇北首的西蠡河上架起了一座木梁桥，桥以镇命名，亦称蠡塘桥，再后来人们将蠡塘桥改名为北寨桥。

据史料记载，元朝末年，朱元璋在攻取南京（应天府）后，派大将徐达为元帅东征常州，张士诚派足智多谋的张士信为元帅领兵十万救援常州。两军在游塘谷一带交战，徐达无法突围，即派人向朱元璋求救。朱元璋便令西征军元帅常遇春与汤和各领兵五万，分南北两路向常州进发。常遇春从安徽池州出发，经广德、溧阳一路而来，在现蒋排村疏浚西南至寨桥一带的杨柳河两岸安营扎寨，此处称作南寨。三进三退之后，常遇春终于打败了张士诚部，并最终攻占了常州。朱元璋下令在南寨的屯兵不撤，仍由常遇春留守。明洪武二年（1369年），蠡塘镇因常遇春长期扎寨于此，遂改名为寨桥镇，位于镇北的蠡塘桥，自然也改称为"北寨桥"。

明朝崇祯年间，为方便镇上行人，当地人在南运河上架起了一座木结构桥。木桥位于寨桥镇，人称"南寨桥"，在此地还有一座北寨桥。大运河从此处流过，蜿蜒贯穿江南水乡，因而古时有"半天下之财富，悉由此路进"的说法。随着时间的流逝，今日的寨桥焕发生机，运河之畔，碧波倒映着蓝蓝的天空，可谓"惠风拂绿树，碧水荡清波"。人们在此生息繁衍，构成了一幅江南水乡的画卷。想必当初越国大夫范蠡与西施也向往这种宁静的田园生活吧。人们为了纪念范蠡，便把这一带称作蠡塘。

中国风俗图志·常州卷

篦箕木梳

第三章 物华天宝

常州独特物产

篦箕木梳，古时候称为"栉"，是我国古代八大发饰之一。常州的梳篦制作曾兴盛一时，其起源也有多种说法。

有史料记载，制作梳篦的祖师爷为陈七子。陈七子是春秋时期的一个官员，因为犯了罪，被捕入狱，关进淹城。监狱四面环水，里三层外三层，生活条件极其艰苦，又逢江南梅雨季节，这位官员的头上生满了虱子，奇痒无比。有一次，陈七子被狱卒痛揍一顿后，发现打他的竹片裂成了一条条篦片。他就将其整理、扎压、磨光，用来清除头上发窠里的灰垢和虱子。这就是传说中梳篦的雏形。旧时民间每年农历二月十八和九月二十八，梳篦业者都要进行祭祖仪式。

关于篦梳，民间还有更早的传说。相传炎帝死后，蚩尤起兵复仇，常州的梳篦工匠赫连也被拉去打仗，结果蚩尤被黄帝打败，赫连被俘入狱。看守皇甫得知赫连会做篦箕木梳，劝他连夜赶制一把献给嫘祖娘娘，以免死罪。然而，不等赦免令到，赫连已于农历二月十八人头落地。黄帝知情后十分惋惜，于是派皇甫亲临赫连的家乡常州，指导其他工匠照样仿制。后来，赫连和皇甫均被称为制作梳篦的鼻祖。

旧时常州的篦箕木梳作为"宫梳名篦"，成为常州人赠送客人、朋友的必备佳礼。为何人们到常州都要买一些篦箕木梳？常州出产的梳篦就如此好吗？原来梳篦制作是一项极为繁杂的工艺，需要有精湛的手工技艺，不但用料精良，制作过程也极为讲究。梳篦的用

中国风俗图志·常州卷

萝卜干

料主要为优质的毛竹、木材、兽骨。竹料主要取自苏南浙西一带的山阴壮竹，这样的竹料不仅质地坚硬，富有韧性，而且经久耐用。木材主要采用红木、枣木、楠木和黄杨木等。特别是用黄杨木制作的梳篦，木质细腻，纹理清晰，不但能顺发，还能去痛止痒，尤为珍贵。常州梳篦的盛名，不仅缘于其选料严格，还因其制作精良。一把普通木梳要经过28道纯手工工序才能完成，而一把工艺精湛的篦箕木梳从开料到后期的雕、描、刻、磨，前后共要73道工序，真可谓"小手艺大学问"。《常州赋》记载："削竹成篦，朝京门内比户皆为。"清代光绪年间，苏州府官衙每年农历二月十八前总要到常州府朝京门外的篦箕巷定制六十把黄杨木梳、六十把梅木脊梁象牙高级梳篦，至十月间连同六套大龙袍、六百朵宫花作为贡品送到紫禁城。慈禧太后命李莲英梳头必用常州象牙梳，她对常州的梳篦尤为钟爱，据说她的象牙梳至今还留存在故宫内。彼时由于人们留长发结辫子，所以梳篦的需求量很大，人们身上都挂个小口袋，装入一把"刘海篦箕"，以此为时髦。清末常州的梳篦已在巴拿马国际博览会上获得了金奖。

一把梳子还成就了常州一条巷子——篦箕巷。篦箕巷在朝京门外大码头新桥弄内，西运河北岸。明正德十四年（1519年）起，毗陵驿即设于此，因旧时巷内商店兼售宫花、梳篦，故称花市街，现称篦箕巷。常州梳篦也从手工作坊生产发展到集体化生产。梳篦的品类从第一代日用梳篦发展到第二代工艺梳篦，再到第三代艺术旅游梳篦，现在第四代已将发饰梳篦和胸饰梳篦以及纯工艺性梳篦相结合，标志着生活与艺术、收藏的融合。

过去，一到秋天红萝卜上市时，家家户户都要腌制萝卜干。常州旧时的萝卜干可分为咸、甜两类。咸的一类即五香萝卜干，它是萝卜干的改良品种，在腌制时加入五香料，其特点是香味浓郁，咸度大，水分少，易于贮藏。甜的一类就是香甜萝卜干，在腌制过程中适当降低咸度，增加水分含量，加入甜味料精制而成。许多外地人称香甜萝卜干为"茶干"，因它既可做小菜，又可作为休闲食品。

据史料载，常州新闸地区制作萝卜干已有1000多年的历史。新闸位于大运河两岸，这里种植的红萝卜，外皮鲜红光滑，肉质清脆，甘甜爽口，个头均称，大小适中，素有"小雪萝卜赛鸭梨"之称。吃这种皮薄肉甜水分多的红萝卜，既解渴又开胃。用新闸地区种植的红萝卜做原料，经过独特腌制的萝卜干，具有香、甜、脆、嫩、鲜的特色，并且细嚼无渣，口感极好。

新闸红萝卜不但好吃，而且还有一段故事。相传朱元璋的军师刘伯温为了保住大明的江

中国风俗图志·常州卷

酿米酒

山,到各地探查,不准留有活龙地、凤凰地,一旦发现就设法破坏。一次他们乘船沿运河南下,经过新闸,看到这一带紫气腾腾,就命令停船上岸察看,发现河岸两边一片红光,原来是一片连一片的红萝卜和绿茵茵的叶子,长势茂盛,刘伯温感觉这里是块宝地。他们走了一大段路后,发现这里确实是块夜潮地,白天日晒不龟裂,晚上地里会冒水。经打听得知,这里梅熟季节连续大雨,也不积涝成灾。周围有五十多个村庄,据说东边出过宰相,西边还出过状元。刘伯温夜宿运河岸边,一夜不能入眠。天亮后,他又看到运河边上的背纤人和撑船人,他们弯腰曲背,联想到朝中的大臣,天天要向皇上鞠躬弯腰,磕头跪拜,和这一幕相似。他又到西村头转一圈,果见状元坟、状元阁,且周边地里是一片红萝卜,拔出来一看,每个都是个圆、皮红、根长、肉白,特别是红萝卜的根须就像将军帽子上的红缨头。于是,刘伯温就扮成道士模样,先到运河北边村里对村民说:"你们这里离运河近,去背纤不是比种田更能赚钱吗?"说完飘然而去。接着他又到南边的那些村里说:"你们快种那种叶子长得像将军帽上缨须的红萝卜,能卖到好价钱。"说完便走了。北边村里的人听说背纤撑船能发财,又见刘伯温仙风道骨,以为是神仙下凡指点,真的就都去背纤。南边村里的人也认为是仙人来此点化,就纷纷种起红萝卜来。说来也奇怪,北村的红萝卜也照样种,但就是不如南村的好。一年又一年,北村的百姓后来多以撑船为业,而南村的人们就以种红萝卜、腌萝卜干为业,且买卖越做越大。

常武地区,特别是新闸地区除了腌制萝卜干,还腌莴苣条。旧时每户人家都要腌几缸腌菜,一是平时做菜吃,二是在春节做腌菜馒头、团子吃。从科学角度来说,腌制品不宜多食,但是腌咸菜,作为一种乡土情结还是值得保留的,这些民俗风情,直到如今还深受百姓欢迎。

秋收后新米上市,不管城里人还是乡下人,家家户户都要做米酒。一提起米酒,人们总是会很自然地想到要过年了,江南的过年与米酒是分不开的,人们称自制的酒为"杜米酒"。

江南是米酒之乡,过年时,大家都以米酒待客。祖上传下的酒早已将这方土地的百姓浸渍得醉意浓浓。喝着家乡绵淡的米酒,江南人自有分寸,品而不贪,否则"后翻炮"绝有可能让人"酒醉不知何处"。俗话说,"一方水土养一方人",米酒同样如此。黄澄澄的米酒,充满家乡的气息。"绿蚁新醅酒,红泥小火炉",米酒性温,入肚后会散发出热量,后劲大得很,不知放倒了多少豪饮的好汉,所以喝米酒要"咪"。米酒是用糯米经过蒸制、发酵制成的含有一定酒精度的饮品。因为粮食紧张,所以旧时农家酿造的米酒兑水都比较多,喝起来口

素火腿

感寡淡。记得每年新米上市，笔者家就会请乡下的大伯来制一些米酒，把好几缸的米酒用草帘盖好保暖，放到厨房的阴凉处加以保存。

到了除夕夜，全家围坐桌前，供完祖宗后吃年夜饭，酒自然是少不了的，除了米酒，还有糟烧酒（高度米酒）。江南人不管酒量大小，都要品尝自酿米酒，民间有"年年喝佳酿，胜有亲爹娘"之说。在凉菜上桌之后，酒其实也早已在八仙桌上准备好了。记得笔者父亲平时喜欢喝黄酒。到了除夕，必先喝白酒才能喝黄酒。一家人围坐在一起，第一轮酒必定得全家一起举杯，不喝酒的小孩用筷子蘸一下，庆祝一年辛劳有得，全家平平安安。虽然都是一家人，也少不得来回敬酒，年轻人向父母长辈表达感谢问候，长者也用酒表达对晚辈的关心爱护。江南的冬天很湿冷，大年三十的米酒，就是全家的暖心酒。一边喝酒一边聊，一年中各自生活怎样，工作怎样等平素信件电话里都不谈的事情，年夜饭喝酒时，都会如竹筒倒豆子般流泻出来。米酒一入口，聊的事就多了起来，上至国家大事，下至坊间趣闻。酒香氤氲，米酒的香醇，已经深深沁入人们的血液里，在斗转星移中，人们日复一日地坚守着传统米酒的香醇。那些香味来自记忆深处，是自家酿造的米酒醇香。那种味道有一些酸甜，有一些黏糊的乡愁，永远也难抹去。时光荏苒，一口米酒的醇香，总会让人想起家乡的年味。

一个小小的素火腿，从齐梁传到现在，是常州有名的一道菜品，特别是虾子素火腿、蘑菇素火腿更是声名远扬。素火腿制作工艺复杂，以豆腐衣配调料，经过制卤、挤干、铺摊、叠卷、蒸熟等七道工序制成。素火腿色泽呈棕红琥珀色，香气浓郁，回味悠长，柔中带韧，是佐酒下饭的好食品，现在已成为非物质文化遗产。

江南的老百姓大都喜欢吃素火腿，那么为什么只有常武地区出产素火腿呢？为什么还有"素火腿"这么一个奇怪的名字？下面就来讲讲素火腿的来历。素火腿的产生与梁武帝推崇素食有关。梁武帝萧衍是武进万绥人，他不但有治国平天下的雄才大略，也有选贤任能、勤于政事的文治武功。在南朝多位帝皇中，他颇有作为。梁武帝活了86岁，是中国皇帝中为数不多的长寿皇帝，若不是"侯景之乱"，他可能会活得更加长久。据说，他的长寿与长期吃素食有关。梁武帝后半生深信佛教，倡导五戒，不杀生，他曾三次舍身入寺庙为僧人，宁可不做皇帝也要做佛徒，但最终还是被臣子重金"赎身"还俗回宫。梁武帝倡导素食，当时祭天地、供祖宗的"五牲"——牛、羊、猪、鸡、鱼，都改成了"五谷"干面米粉做成的代制品。流传至今的素火腿、素鸡、素鸭、素牛肉之类的豆制品，也都是从当年的"五牲"演变而来的。素火腿

豆斋饼

当初在宫廷里推广后，不管是形状还是口味都深受人们欢迎，所以一直流传了下来，至今已有1400多年的历史了。老常州的素火腿，也变成了传统名产。

现在，素火腿已作为传统食品，走向老百姓的餐桌，并作为名点美食走向全国，走向世界。

常州的豆斋饼，是这个地方特有的物产，更是一道名点，其制作工艺仅流传于常州地区，出了常州就难寻其踪了。

为何这么说呢？"豆斋饼"一词由常州人发明，是地地道道的常州方言。豆斋饼最早是作为家庭祭祀之用的素斋食品，千百年来，一直是家祭的一道斋菜。关于它的名字，在民间至今有多种写法：豆炙饼、豆渣饼、豆斋饼等。

豆斋饼是以白雀豇豆为原料制作的一种豆制品。将白雀豇豆在清水中浸泡，捞出，掺入粳米，加清水，用石磨磨成稠糊。在平底铁锅上抹少许豆油，将豆米糊倒入，煎成金黄即可食用。豆斋饼分大小两种，小的做汤和蒸菜的辅料，大的夹肉油炸称"金钱饼"，又名"趁热"。金钱饼是用虾仁、冬笋末、马蹄末、猪肉末等原料拌馅，夹入大的豆斋饼内，经油炸而成。金钱饼色呈金黄，形似金钱，表皮香脆，内质松软，馅心鲜美，再辅以番茄酱、芝麻酱等调料，不单是美食，更可用以祭祀，已被列入非物质文化遗产名录。

相传乾隆皇帝下江南多次驾巡常州，曾在常州籍大学士刘伦陪同下品尝过豆斋饼，乾隆觉得别有风味，问及名称，刘伦告知"趁热"（方言"快吃"）。后来皇帝回到京城思念常州的"趁热"（豆斋饼），而宫中的御厨却怎么也做不出来。

旧时在常州要说吃面，当然要吃老牌面店"马复兴"的大肉面，但是有多少人能吃得起这碗大肉面呢？所以普通老百姓只能吃碗老荒面，也就是阳春面。说到阳春面，笔者就似乎闻到了这碗面的香，特别是葱花的喷香，荤油的浓香，久久不能在脑海中散去。

说老实话，北京的炸酱面、四川的担担面、山西的刀削面、武汉的热干面、兰州的拉面、河南的烩面都非常好吃，但最难忘的就是江南家乡的阳春面了。阳春面靠汤起味，汤有清汤、白汤、红汤，拌面有干拌、冷拌、荤拌，都是很讲究的。白汤是用肉骨头放在炉子上用小火煨出来的，一锅汤用完，面也卖完，是不再往里加开水的。红汤则用荤油、酱油加葱花等调料熬制而成。干拌面的汤是肉汁红汤，葱油面的汤用香油加葱熬制。记得笔者家隔壁有家面馆，店面虽然小，但下出来的阳春面非常正宗，而对门有家外地人开的面店做的阳春面就没

中国风俗图志·常州卷

阳春面

有老常州的地道了。笔者常去隔壁吃阳春面，一直吃到娶妻生子。后来我不吃阳春面了，反而培养了妻子对阳春面的情有独钟，直至现在她还是喜欢与阳春面打交道。

老面客一到店里就会和跑堂说，要"断生"，要"重青"，要"宽汤"，下面条的师傅大概心中有数，一把抓中二两面，放入咕嘟咕嘟的滚水中，捂上盖，再泼汤，等待煮透，等白色的面条从发白到发黄，就加一勺冷水激一下，这样面熟而不烂，用长筷在锅里拨捞几个来回，感到软而无硬性即可捞起，再加些冷水，以免面冷却后粘连，将捞起的面条左右晃动一下装入碗中，以折叠式入碗，再加入大蒜末。当然碗中的白汤、红汤、干拌都要事先告知跑堂，以免弄错。下面条是一门学问，一碗面的好坏，完全在下面师傅的手中，是否有咬劲，那是由面在汤锅里的时间和工序决定的。面的滋味好坏，是由汤料、佐料决定的。所以要吃上一碗正宗的阳春面也不是一件易事。

现在街上面店林立，到处都能见到盖浇面、花式面……但是想要吃上一碗真正的阳春面已是难事。不知是会下阳春面的师傅没有了，还是现代人嫌太土不吃阳春面了，要找一家地地道道的阳春面馆是很难的。

百年老字号

童宁远药店是常州旧时最古老的一家药号名店，坐落在南大街中段，始建于明天启二年（1622年），由浙江人童浩山来常开设，初名"童宁远堂"，取"宁静致远"之意。童宁远与老丰裕、东丰裕、存仁社齐名，以经营精制饮片、丸散膏丹、中成药材而著称。

童宁远药店店面正对原小马园巷。药店专营零售业务，保存早有的格局，经营传统的中成药材、膏丸丹散。旧时老百姓看病配药以西药为辅，传统的中医和中成药仍然是大家的首选。由于善经营、重质量、讲信誉，童宁远药店历来被顾客称道，有较好的口碑。笔者小时候跟大人们去童宁远药店撮药，一进大门看到正面是百眼柜，左边有名医坐堂诊脉。药店在城中嘈杂的繁华地段独守一隅，显得格外厚重。店堂里老式的红木橱柜有一米多高，青花瓷的药罐置于橱顶，四周墙壁上挂着常州知名书画家的书画，"童叟无欺，货真价实"几个字特别醒目。空气中散发着百眼柜中的各种名贵药材特有的香味。整个药房显得庄重、整洁，给人一种安心、宁静的感觉。

经历了近400年风风雨雨的童宁远药店，走过了起起伏伏的经营之路，现在已经归属常州医药公司旗下，成为全国文明示范药店。"童宁远"这个百年老字号，也迎来了它又一个辉

中国风俗图志·常州卷

童宁远药店

煌的时代，不但经营中成药、膏丸丹散、地道药材，还有各类西药和营养品。这个常州历史最悠久的老字号药房如今又散发出新的活力。

真老仆恒顺梳篦店创始于明天启二年（1622年），是常州最早开设的梳篦店，坐落在古运河畔篦箕巷内，由卜姓创办。该店两开间门面，前店后作坊，店面别具一格，门口挂一只大型木制梳篦店招，十分醒目。清光绪年间，其产品进贡朝廷，获得"宫梳名篦"的美誉。该店因选材优良、技术精湛、质量上乘、信誉卓著而驰名中外。

小时候见到年长者喜欢手持木梳有事无事地梳头。在洗发水还没出现的年代，女人们头上的发髻是要用梳篦梳通后才能理顺的。后来，常州人外出送礼品，一般是老三样：篦箕木梳、大麻糕和萝卜干。由于梳篦易保存，所以它是礼品中的首选，也就成了常州品牌。

光绪二十八年（1902年），有一对吴姓夫妇在县巷西段开设了一间酒肆，供来往客人沽酒小歇，同时经营一些盘菜和小炒。店主吴炳生待人殷勤，又和气诚实，再加上小店的菜品符合当地食客的口味，一些老吃客又带来新食客，生意慢慢有了起色。

由于清代晚期时局动荡，此时的小店无店面和店招，属于"双无"店家，虽然在城中闹市生意兴旺，但较难再有发展。经营了七八个年头后，为了扩大规模，吴炳生就请来姐夫杨光照为店取名。姐夫原是德泰钱庄的老板，且是酒肆的大股东，因而取"德泰"两字，再加"恒"字，以示永恒。宣统二年（1910年），"德泰恒"菜馆正式挂牌。后来由于吴炳生经营有方，生意愈加红火。为改善经营条件，扩大经营面积，又于1919年迁至县直街，租用沈肩荪的两层八间约200平方米的房屋作为新德泰恒菜馆营业用房。民国初年，德泰恒在常州城区内已是闻名遐迩的菜馆了。此时德泰恒生意兴隆，天天宾客满座。据记载，二十世纪三十年代初的德泰恒，曾接待过上海来的许多大牌名角，周璇、上官云珠、陆小曼等名人都是常客。这里也成为地方名流宴请、婚庆的必选之地。

新中国成立后，德泰恒在党和政府的关心下再次重建，曾更名为红旗路饭店，1978年恢复为德泰恒菜馆。1990年，在餐饮业激烈的竞争中，德泰恒逐渐失去优势，在原址开办了川良美食城，南楼又改为书城，至二十一世纪初又改为德泰恒新店。

德泰恒菜馆主营淮扬菜，特色名菜有红烧甩水、香糟扣肉、网油卷、水晶虾仁、三鲜锅仔，点心有加蟹小笼馒头、大麻糕、蟹壳黄、马蹄酥等。这些名菜名点，旧时在老百姓的心目中就是老常州美食的代表。餐饮市场行情和老百姓口味不断变化，但德泰恒菜馆这一老字号

中国风俗图志·常州卷

老卜顺梳篦店

招牌一直流传至今。

二十世纪五六十年代，常州城流传着这样一段顺口溜："大光明看电影，马复兴吃点心，人民公园谈爱情。"顺口溜中说的马复兴，指的就是地处双桂坊西段的老字号马复兴面馆。

马复兴面馆始建于1937年，由厨师马三保创办。在双桂坊西头，有一间二层楼门面，每天一大早就坐满了人，晚到的只能在门外排队等候，为的就是来吃一碗这里的面或再点几样地道的点心。店里不时传来跑堂的吆喝声和阵阵面香，人们伸长脖子，盼着早一点进去一吃为快。马复兴面馆做的点心很地道，但大多数人到这里来，冲的还是一碗小排面或是大肉面。马复兴面馆选料好，用的都是上好的仔排和五花肉，绝不偷工减料，烹制功夫也到家。百年老店马复兴名吃有特色盖浇面、糖醋排骨面、红烧大肉面、软煎双面黄等。马复兴的面，汤色清醇、条索清晰。马复兴面馆菜肴丰富、点心精致，以致顾客盈门，久盛不衰，绵延百年，在常州餐饮界独树一帜。

马复兴的菜品中有一道糖醋小排骨，色泽红润光亮，肉质香嫩醇厚，油润而不腻，甜中带酸，鲜美适口，因此成为招牌菜，使得面馆生意越发兴隆。一时其他酒家饭店争相效仿，常州市民在家中也纷纷学做。故数十年来，糖醋小排骨已成为常州市民喜庆筵席、家中招待客人必备的一道佳肴。遗憾的是，随着城市改造，近几年来南大街重建，马复兴面馆这一老字号虽被恢复，但在老百姓心中传统的马复兴老味道却不复存在了。

迎桂馒头店始创于清道光年间，最早为弋桥头的迎桂茶社。始创时的名点加蟹馒头每笼12只，小巧玲珑，别具一格。加蟹馒头用精面粉、熟板油、蟹粉、鲜猪肉，配以皮冻、调料加工而成，出笼时蟹油金黄闪亮，皮子洁白如玉，吃上一口肥而不腻，汁水鲜美，皮薄爽口，配以香醋、姜丝味道更佳。这是本邑一道历史悠久的传统小吃，也成为中华名点与非遗传承项目。

迎桂馒头店已经有100多年的历史了。据史料记载，清末民初，在常州府的城区，大肉馒头已经很受人们欢迎了，有位点心师傅突发奇想：为何不把这个大肉馒头做成小肉馒头呢？于是决定试一试，没想到蒸出来的小肉馒头特别好卖。没过多久，周围的一些点心店也开始做起了这种生意，而且慢慢地小肉馒头也有了正式的名称：小笼馒头。最早的小笼馒头不是在点心店卖的，而是在茶社内当作茶点供应。有人想：既然小笼馒头受到人们的欢迎，为何不开一家专门店来做生意呢？于是，1911年，在西瀛里的九思弄口，用"欢迎贵客"的谐音

德泰恒菜馆

"迎桂"做店名的茶社开业了,这一开就是上百年。后来迎桂茶社又搬迁到弋桥堍并扩大规模,后又迁至西瀛里11号。1958年公私合营后更名为国营迎桂馒头店,1966年改名为常州馒头店,1978年恢复为国营迎桂馒头店,2003年搬迁到椿桂坊8号,现总店址在博爱路129号。在常州,几乎人人吃过加蟹小笼馒头,但是知道加蟹小笼馒头前世今生的人不会太多。以前迎桂馒头店的加蟹馒头还分"加蟹""随号(随馅)"和"对镶""多加蟹"等品种。"随号"是只有肉馅不加蟹油的那种,而"对镶"就是一笼馒头里要有六只"加蟹",六只"随号"。以前老吃客认为,吃加蟹馒头只有将"随号"和"加蟹"轮换着吃,才能充分体会到蟹的鲜美,如果全吃加蟹的,味觉会变得迟钝,蟹的鲜味也不完美。以前加蟹小笼馒头也称加蟹小笼包。一般来说,有馅的叫包子,没馅的才叫馒头,而常州人不分包子馒头,通通叫馒头。过去吃常州加蟹馒头,都是以堂吃为主,客人坐下,报上名称数量,数分钟后热气腾腾的加蟹馒头就上桌了。堂吃讲究"宁可人等馒头,不可馒头等人",讲究现点、现包、现蒸、现吃。俗话说要"轻轻提,慢慢移,先开窗,后喝汤,防止烫"。加蟹馒头一漏底,那就风味全失,毫无鲜味可言了。

老常州人对品点心、尝小吃是有讲究的,而加蟹小馒头则以"蟹香扑鼻、皮薄透明、汁水浓郁、肉馅洁嫩"为特色,深受人们的青睐。现在加蟹小馒头已赢得"中国名点""常州十大名点"等称号。常州迎桂馒头店这一老字号代表了一种民间的特色饮食文化,是一个城市的旧梦,一种城市的情结。

义隆素菜馆旧时也称"义隆馆",是一家专营素食的菜馆,始建于清末民初,原址在惠民桥南堍,后经多次搬迁,分别在西大街、南大街、双桂坊等地开设。虽然义隆素菜馆是本邑一家专营素食的菜馆,但是它的菜肴和小吃早就声名远扬。

义隆素菜馆的素火腿,口感好,质量优,品种多样,营养丰富,特别是虾子素火腿、蘑菇素火腿等,深受人们的喜爱,成为传统名菜。素火腿制作工艺独特复杂,要经过制卤、挤干、铺摊、叠卷、蒸熟等7道工序,才能做出如此鲜美又有嚼劲的美食来。据说这么多年来,许多地方在仿做,还没有第二家店模仿得出这种传统的味道。当然店里与素火腿一样出名的还有素鸡、素鸭等,历经时代变迁,这些美味都被保留了下来。

1934年《珊瑚》杂志曾刊载过介绍常州素火腿的文章。义隆素菜馆制作的素火腿、净素百果大麻糕、老人酥曾被《中国小吃谱》收录。义隆素菜馆的素火腿制作技艺也成为非物质

中国风俗图志·常州卷

马复兴面馆

文化遗产传承了下来。

大陆饭店坐落在化龙巷木桥头、大成弄底的乌龙庵2号，始建于1916年，与大成旅馆、中央饭店同为常州民国初年大型豪华饭店。由于大陆饭店为中西合璧的建筑，又闹中取静，民国时期徐志摩、陆小曼、梅兰芳、赵子敬、钱化佛、汤定之、吴青霞、赵丹、周璇、上官云珠等各界名流都曾下榻于此。

大陆饭店是常州旅馆业内第一个用"饭店"二字来命名的旅馆，效仿的是上海的国际饭店，所以大陆饭店虽称饭店，却是当时最现代化的旅馆。站在大陆饭店二层阳台上可以眺望化龙巷街景、大光明电影院，饭店所处地理位置绝佳。大陆饭店由江阴望族金泽初建造，由俄罗斯人设计、监工，建筑外体风格为欧式，内部仍为中国样式，是常州民国初期建筑的代表。金姓是原常州府江阴县华湖乡贤庄望族，金氏高祖曾是曾国藩幕僚。当时在上海俄国洋行做事的金泽初，回家与父亲商量，决定卖掉祖产田28亩，用一半的钱到常州化龙巷木桥头买一块地建造旅馆。后来为与上海接轨，参照国际饭店经营模式，旅馆取名"大陆饭店"。大陆饭店的兴建，带动了民国时期常州旅馆业的兴盛，数十年间，在它的周边先后兴建的旅馆有大成、中央、爵禄、康禄等。

大陆饭店建成前后，武进县建设局局长庄中希把在留学欧洲时看到的城市规划理念逐步在常州推广，常州城区的部分道路开始拓宽并植了行道树，部分桥梁改成了水泥平桥，常州有了自来水公司和救火会，并有了上档次的剧场和电影院，民国时的常州城俨然已成为江南有现代城市气息的大都会。周信芳、盖叫天、上官云珠等演艺界名流都曾到常州演出，据说有些曾下榻大陆饭店。当时南来北往于常州的达官贵人、富商巨贾也多选择下榻大陆饭店。陆小曼曾下榻大陆饭店并画了一幅画给大陆饭店原总经理金半农。

瑞和泰南货店最初是清光绪年间由李泰、王瑞挑担行商在千秋坊始创的瑞泰糖栈，后更名为瑞和泰糖栈，又在西瀛里与青果巷口开创瑞和泰新店，以经营糖果、茶食糕点、南货海味为主。历经百年沧桑的瑞和泰南货店已成为本市百年老字号。

创始人之一李泰为人诚恳厚道，他终日挑担走街串巷辛苦叫卖，赚些银两养家奉母，是方圆百里公认的孝子。由于他为人勤勉、买卖公道、童叟无欺，所以挑担生意日见兴旺。有一年冬天，恰逢冬至，李泰奉母亲之命很早收摊，准备回家过节。当他走到城东时，天上下起了纷纷扬扬的雪花。"真是瑞雪兆丰年啊。"李泰喃喃自语。他暂避于一户人家的屋檐

中国风俗图志·常州卷

迎桂馒头店

下，没想到却听到屋内传来了争吵声。原来，这户人家男主人名叫王瑞，因家道中落，日渐窘迫而正与他的夫人争吵。和事佬李泰闻听原委后，热情地邀王瑞一起合伙行商。从此，他们挑担走南闯北，吃尽了苦头，也学到了本领。几番寒暑，他们也攒到了一笔本钱。

1901年初，他们瞅准时机，改行商为坐商，从市郊来到城南的西瀛里和青果巷交界路口，租借了一间两开门面的旧屋，开办了一家前店后坊的茶食店，兼营南北货土特产。而开店先要起名，两人商议后合取王瑞和李泰的名，于是店名就确定为"瑞和泰"。

经过数十年的经营，瑞和泰生意兴旺起来，经营品种从刚开始的糖果、糕点、南货，到后来的山珍海味，主打商品有黑木耳、香菇、红枣、黑枣、通心白莲（莲子）、桂圆、核桃仁、黄花菜、海蜇头、开洋（虾米）、淡菜、海参、瑶柱（干贝）、海带、橄榄油以及各色名点名茶。今天的瑞和泰，已是一家南北货、糖烟酒、山珍货、滋补品等应有尽有的大商场。

大光明电影院位于县直街中段，此地原为土地堂，在荒废的土地堂原址建造的大光明电影院，采用了上海大光明影院的模式，经营电影、戏剧、演出等娱乐项目。在民间有"大光明看电影，马复兴吃点心，人民公园谈爱情"之说，这里所说的"大光明"，就是两代常州人的美好回忆。

常州大光明电影院建于1946年，由邓祖禹、郭耀宗、郭起瑞等集资建成。建筑为砖木结构，面积约1100平方米，有900多个座位，座位均为沙发座椅。新中国成立后，大光明电影院一度上演京剧，唐韵笙、王琴生、童芷苓、纪玉良、李慧芳等名家均来此献演。1983年大光明电影院改作市政府会场，"大光明"从此淡出历史舞台。

常州大光明电影院，是几代人的娱乐之地，也是青年男女的相会之地。一张大光明的电影票，可能就会帮助青年男女结成一段美好的姻缘，因此对于当时的青年男女来说，常州大光明电影院就是他们心中的浪漫之地。今天，虽然大光明电影院已经拆掉了，但是留在那一代人心中的记忆，是永远也抹不去的。

幻仙影戏社是常州最早的电影院，建于清宣统三年（1911年）春，地址在内子城玉带桥西堍，中国人拍摄的第一部电影《定军山》曾在此播放。据1948年《武进指南》载，当时常州有放映电影资格的影院近10家，常年放映电影的也有四五家，包括大光明电影院、大华电影院、新华大戏院、凯旋大戏院等，另外常州大戏院、贻园大戏院、西区大戏院、新丰大戏院、三星大戏院等戏院偶尔也会上映电影。

中国风俗图志·常州卷

义隆素菜馆

1917年，省议员、武进农会会长、水利局局长奚九如，从上海买回火油机、碾米机和水泵，在西门外锁桥头原永宁寺内，创办溥利碾米厂。次年他从上海购回车床、刨床，成立厚生制造机器厂。

根据资料记载，奚九如创厂时，恰逢天时地利。清末民初，常州西门外的豆市河、米市河一带人口稠密，榨油碾米作坊林立。民以食为天，常州的大米除自给外，还大量销往淞沪一带。油米生产和机器的制造业、修理业、加工业也应运而生。奚九如看准了当时的商机，在西直街锁桥堍永宁寺旁修建厂房，挂出了第一块厂牌"溥利碾米厂"。时隔一年，奚九如觉得碾米产品单一，又在永宁寺后翻建厂房，添置机器。后来，他又制作新的厂牌，取名为"厚生制造机器厂"。何为"厚生"？奚九如有自己办厂的宗旨，这一宗旨源于"通商惠工、厚生利用、国基永奠"的口号。1955年厚生制造机器厂改名为国营常州机器厂，1964年改名为常州柴油机厂，1994年成立了常柴股份有限公司。

奚九如在1924年推出了救星牌柴油机，其意在配套戽水设备用于农村的抗旱排涝。1925年，江南大旱，河水干涸，禾田龟裂，农民期盼甘霖。武进四乡八村的农民纷至沓来，租用厚生的柴油机戽水，才使禾苗饮露，旱不成灾。

据记载，1929年初夏，西湖博览会在杭州举办。在这次博览会上，常州的"厚生"制造声名鹊起，大放异彩。为奖励实业、振兴国货，西湖博览会出品审查委员会根据展品品质、原料、制作、价格、销路等列项严格评分，优胜劣汰，厚生柴油机在工业馆陈列的51家6774件展品中夺魁，荣获金奖。1931年出版的《西湖博览会总报告书——内燃机研究报告》称："厚生产品开驶时震动甚小，速度一律，品质精良。"直至现在，常柴股份有限公司的产品也是屡获殊荣。

大成纺织公司，由刘国钧先生创办。

刘国钧，又名金畀，出生在江苏靖江，幼年家境贫寒，备尝艰辛。1915年，民族工业得到迅速发展，刘国钧开始弃商从工，与他人集资创办大纶机器织布厂、广丰布厂，后独资创办广益布厂。1924年，刘国钧访问日本，回国后改进经营管理，采用先进的设备，开发新产品。1930年，刘国钧在常州收购连续亏损的大纶久记纱厂，并成立大成纺织印染股份有限公司。他将大纶纱厂列为公司大成一厂，广益染织厂列为大成二厂，开始汇入我国民族纺织工业的发展浪潮。

中国风俗图志·常州卷

大陆饭店

大成的高速发展和它所创造的业绩，被誉为中国民族工业的奇迹。8年间大成由1个厂发展到4个厂，生产的纱锭由1万枚提高到8万枚，资金由50万元发展到400万元，这被当时经济学界誉为"罕见的奇迹"。"像大成这样，8年增长了9倍的速度，在民族工商业中实在是一个奇迹！"著名经济学家马寅初曾这样赞叹。

刘国钧早年在常州提倡"机器革命""土纱救国"。他三渡日本，考察欧美，引进先进技术和管理经验，结合工厂实践，提出"工管工自治化、工教工互助化、工资等级化、华厂革新化、出口优质化"的口号，全面提高工厂管理水平，并率先在我国试制成功灯芯绒、丝绒。

清末民初，以盛宣怀、刘国钧、奚九如为代表的常州人，率先在传统手工业和商业的基础上，走出传统，变商为工，秉着"实业报国"精神，白手起家、不断创新，为近现代工商业做出重要贡献，创下多项奇迹，让常州成为近现代中国民族工商业发祥地之一。

清末民初，常州的木业发展势头迅猛，其中大北门外的天祥桥堍的沟巷一带，木业规模较大。由于木业生意兴隆、日进斗金，后来人们干脆将"沟巷"改名为"斗巷"，巷名也沿用至今。在这一条南起关河西路，北至万福路，全长仅600米左右的小巷里，就有一家常州最早的大规模木行——屠源丰木行。

相传清嘉庆年间，婺帮山客就在此行商，此地商业规模也慢慢扩大，逐渐成为苏南的木业集散中心。徽州婺源木客屠明安于此开设屠源丰木行，并领有"部帖"（相当于现今的营业执照）。清嘉庆五年（1800年），两县奉命取缔无帖私牙户112户，剩下的56户司帖官牙木行，大多数姓屠，可见屠家势力之大。屠家祖上就是婺帮山客，早年为清廷采办木材有功，清廷赏给部帖。因其为独家经营，靠官托势，数十年来可谓生意兴隆，财源茂盛，逐渐成为木业独步江南的领头羊，屠家遂成为巨富之家。咸丰年间，清廷派兵镇压太平天国，长江中下游商业运输遇阻，木业呈现萧条景象。清光绪初年，江西木客兴起，木业复兴。光绪二十八年（1902年），运河疏浚后，木业更加繁荣。清末，常州20多家木行中有实力雄厚的"三丰一泰"（指永丰盛、祥丰、乾丰、开泰四家木行）相互竞争，业务量突飞猛进，单是永丰盛一家年营业额就有100万银圆，创历史纪录。1916年，全市木材营业额为300万银圆，常州成为西木、广木在苏南的集散中心，常州木业独步江南。

常州木业之所以如此兴旺，首先是因为得天独厚的地理条件。京杭运河常州段水源来自长江，这种含沙的浑黄的水对木材很有好处，木材浸泡其中，能保持皮色黄亮，有利于木材

中国风俗图志·常州卷

瑞和泰杂货店

养护。其次是因为木材批发行商改善经营，竭诚为客户服务，使买卖双方都能得到实惠。第三是因为航道畅通。清光绪年间，孟河、德胜、澡江三河疏浚后，增加了木材流入渠道，常州木业又捐垫巨资，把重点河道拓宽浚深，故使常州木业得以大发展而进入鼎盛时期。

临清会馆又称临清木业公所，是原青山路下街唯一保存下来的民国时期的建筑。

为什么常州会有木业会馆呢？首先因为常州当时是江南木材市场的集散中心。从明代中叶起，各地木商特别是江西木商纷纷向常州一带贩运木材。昔日，运河之中连起来达500米长的木筏队经常可见，木筏由东向西逆水而行的景象非常壮观，而连绵数里停泊于西门外的木筏群，则构成常州独特的风景线。其次，十九世纪末至二十世纪前期，常州以豆、木、钱、典为四大经济支柱，其中以木业最盛，各地商帮云集，贸易繁盛，故商务公馆、行业公所、牙行坐馆应运而生，这些公馆公所一度成为常州的一大人文景观。

临清会馆历经更迭：原名"大兴会馆"，始建于清嘉庆十九年（1814年），后毁于战乱；后来的"临清会馆"（"临清"为江西临江府和清江府简称），是清光绪二十六年（1900年）在"大兴会馆"的基础上复建的。1922年，随着交易的兴隆，又在老会馆的对面兴建新的公所，称"临清木业公所"，这里专供临江和清江的木商办公、膳食之用，也可用作家眷暂住。

临清会馆是一组中西合璧式建筑群，坐东朝西，主体建筑由西面的主楼、北面的厢楼和东面的后楼组成，各楼相互连接，平面略呈凹字形，南边另有一些附属建筑，使中间形成一个较大的院落。各楼均二层，面阔五间，进深则深浅不一，占地面积1200平方米，建筑面积898平方米。主楼为回形转楼，前后三进，左右楼道相接，楼中上层回廊木制栏杆，西面临街石库大门之门楣上镶嵌有砖雕楷书"临清木业公所"字样。楼房向内面的门窗，均具西洋风格，后楼东向墙面上则嵌有楷书"临清公所"字样砖雕。

随着时代的变迁、岁月的流逝，各帮木商在常州建立的会馆中仅有临清木业会所留存。2008年2月26日，常州市人民政府公布临清木业会所为第四批常州市级文物保护单位。

清代晚期，在洋务运动的影响下，常州近代工商业得到较快发展。根据史料记载，在清末，冶坊、染坊、织绢坊、蜜饯坊、梳篦坊、打铁作坊已有较快发展。商业则以豆、木、钱、典四大行业为支柱。随着各业兴旺，商户众多，行业间迫切需要成立一个综合性行业联合组织，以维护同行和百姓的利益。

中国风俗图志·常州卷

大光明电影院

光绪三十一年（1905年）四月，邑绅恽祖祁、于定一等发起筹建商会，筹备处设在城西的磨盘桥钱业公所内，光绪三十二年（1906年）七月正式成立武阳商会。商会成立是一件大事，各业人士往来总要有个既体面又方便的落脚的地方。于是，有人相中了双桂坊延陵书院废基南端一处地方作为新会址，经过一年多的筹备和建设，会所于清光绪三十三年（1907年）落成。

新中国成立后，武进商会旧址纳入人民公园内，作为常州市群艺馆，于2002年至2003年的城市改造中被拆除。

过年团子

第四章 四时节日

农历年的岁首为春节，它是我国最隆重的传统节日。春节不但象征欢乐、吉祥，更是合家团聚、寄托希望的节日。据史料记载，我国的春节已经有四千多年的历史了。在常州人眼里，过了腊月初八，就是俗话讲的"年三夜四"了，人们再忙也要抽空备年货，做团子、蒸馒头。

以前每到春节之前，过了腊月初十，家家户户就忙着做团子、蒸馒头、做年糕。常州人家把大团子做成元宝、寿桃、扁担等形状，考究的人家还要做堆花团子、土龙团子和人口团子。常州旧时的风俗是在过年时做些"人口团子"以备荒年，据传这一习俗源于明代初，当时家家都用米粉做几个假人头，以防被驻守常州的大将汤和错杀，保人口平安，故称"人口团子"。后来人们觉得过年做人头不祥，就改做寿桃样的大团子，点红沾喜气的做法依然沿袭。

另外，各种不同馅心的小团子和馒头也必不可少。小团子馅心一般有豆沙、芝麻、甜油酥、咸油酥、青菜、萝卜丝和肉。馒头意味着"蒸发真发，圆满圆满"，刚刚出笼热气腾腾的馒头要说"发"，还要说"发则大到则"！这预示来年这家人"大发""发财"，是讨吉利和口彩。江南水乡盛产糯米，因而做团子、吃团子就成了一种广为流传的饮食文化。江南人平时把团子当早晨的点心吃，集中做团子一般是在春节和元宵两节。团子和年糕、馒头一起，是象征新年团圆和喜庆的主要点心。年糕意味着年年高、步步高，馒头意味着"真发真发"（蒸了发起来），而团子就意味着合家团聚、圆圆满满了。年前的准备工作大户人家要忙三天三夜，中小户妯娌相伴、邻里互助也要忙一两天。就像种庄稼开秧门一样，开笼蒸团子、馒头也得选一个黄道吉日。到了正式开笼那天，一大早，家中请来的大师傅就将大小蒸笼、烫酵发酵的龙头摊缸挑来了。师傅一般是附近三五个村庄打年糕、蒸馒头、做团子的高手，他们整个腊月都不得闲，一家接着

中国风俗图志·常州卷

立夏称人

一家烫笼、上笼、脱笼、洗笼,眼睛里布满了红血丝。吃这行饭的人手上功夫十分了得,七八十斤重的面团子掼在案板上,想怎么甩就怎么甩;把两大蒸笼点心从开水锅上托下来,手不抖,脚不晃……最奇特的是他们有一手"发酵看火"的好功夫,他们做的团子不酸、不僵、不硬、不夹生,能保证"笼笼发,只只发"。做团子时,讲究的人家在团子出笼后要立即"点红",用筷子头蘸上洋红染料,在团子上点一点以示新年吉祥、生活红火。

立夏日,一般在农历的四月间,公历的5月6日前后,这是夏天开始的日子,此时万物生长,鲜果飘香。这一天,民间有"立夏尝三鲜"的说法,当然各地也有所不同。武进立夏地三鲜为苋菜、蚕豆、燕笋,水三鲜为鲥鱼、白虾、螺蛳,树三鲜为樱桃、梅子、香椿头。金坛地三鲜是指蚕豆、苋菜和蒜苗。溧阳地三鲜是指樱桃、蚕豆、苋菜。各地立夏三鲜都少不了蚕豆和苋菜,因为这是老百姓的家常菜。

立夏这一天在江南有"称人"的风俗。据说这一风俗起源于三国时期。刘备死后,诸葛亮把刘备的儿子阿斗交给赵子龙送往江东,请刘备的继室孙夫人代养。这一天正好是立夏日,孙夫人当着赵子龙的面给阿斗称了体重,后悉心养护,来年立夏再称,看看体重增长了多少。此后,便在民间流传起立夏称人的习俗。旧时立夏称人,分室内和室外。室外称人是在大树上悬称,由老人为孩子称重,以验一年来的肥瘦。室内称人则将秤悬于梁上为孩子们称重。清代诗人蔡云写过一首称重诗:

风开绣阁扬罗衣,认是秋千戏却非。
为挂量才上官秤,评量燕瘦与环肥。

记得小时候一到立夏就缠着大人要称重。家里那种"槽法秤"很大很长,把钩子往三帚架(晾衣服的竹子架)上一架,另一头用大筐篮装了小孩子就可以开始称重。大人嘴里还不停地喊:"长膘了!落斤了!轻骨头!"孩子们都觉得好玩。

农历五月初五端阳节,俗称端午节、重午节、五月节等,家家户户门楣上插艾条、菖蒲,拒秽避邪。"端",顾名思义就是开始、开端,与"初"同意。旧时五月古称"午月",五日即称"午日",所以五月五日称为"重午"或"端午",而且"午"为"阳辰",于是就有了"端阳"之说。

在端阳时节,江南地区的老百姓家家户户都要裹粽子,全国其他地方都称之为包粽子。这一"包"一"裹",一字之差,其含义就不同了。"包"只要包好包紧就好了,而常武地区将裹

五月端阳

粽子作为端阳节的一件大事来做,农历五月初五端阳节,取"开端""阳气十足"之意,着实为好兆头,家家户户就将这个好兆头裹进粽子里了。

五月初五买来新鲜的粽箬,以清水浸泡、洗刷、晾干,然后将糯米和粳米按比例掺和,淘净,挑掉沙子,沥干水分,就可以裹粽子了。常州人裹粽子很讲究:一是讲究形状,二是讲究馅心。粽子按形状可分为三角粽、四角粽、小脚粽、如意粽、元宝粽、猪脚粽等。根据不同的馅心,粽子又分米粽、肉粽等。肉粽又分火腿粽、鲜肉粽。此外有赤豆粽、花生枣泥粽、豆瓣粽、豇豆粽,统称豆豆粽。常州人喜欢裹小脚粽,据说民国以前女人以裹小脚为美,所以沿袭下来的粽子也是小脚粽,其实常州人真正喜欢小脚粽是因为它裹得紧,煮熟了硬而香、好吃。

笔者小时候一到端阳节,总喜欢胸口挂个"鸭子袋",围在母亲身边看她裹粽子,还会"舌根乱盘"地问她许多难以回答的问题。母亲裹粽子时,把粽叶裹成漏斗的形状,将湿漉漉的糯米灌入里面,先用手压紧,然后还要用一根筷子戳紧戳实,再加一张粽叶翻转裹成小脚的模样,用鞋底线扎紧它,这就算裹好了一只粽子,母亲说这就叫"小脚粽"。至于为什么叫小脚粽,她回答不出来,只说过去女儿裹小脚美。母亲还会将肉粽裹成枕头状的元宝粽。常州人还会裹一种叫龙舟粽的粽子,这种粽子不大不小的,主要是用来给赛龙舟的人投入河里,纪念楚大夫屈原。

过去一到端阳节,每户都要裹上好几面盆的粽子,然后开始煮,有的是放在大灶头上煮,有的是放在炉子上煮。在煮粽子时,锅里还要放入鸡蛋和咸鸭蛋。当时一条下街,一到端阳节,从街头走到街尾都飘着浓浓的粽香,这个香味至今在人们心头挥之不去。

农历六月初六是盛夏的开始,民间称这一天为晒衣节、晒书节、天贶节。这时候黄梅天刚过,天气晴热,民谚说:"六月六,晒红绿。"这里"红绿"指的就是花花绿绿的四季衣服和过冬的棉毛衣物、被絮丝绒。相传"六月六,晒红绿"之俗起源于唐代。唐代高僧玄奘取经回国,渡水时,经文被水浸湿,于六月初六将经文取出晒干,后来此日就成了吉利的日子,皇宫内于此日为皇帝晒龙袍,以后这一做法又从宫中传向民间,家家户户都于此日在大门前曝晒衣服。

旧时江南的老百姓居住的大都是老房子,老房子大都是平房,阴雨天特别容易受潮,有的老房子年代久远,地下还会渗水。经过了一个黄梅天,家里的衣服和物品都潮乎乎的,有

中国风俗图志·常州卷

六月晒衣

的甚至发霉了，于是人们一到盛夏就将四季衣服和冬季被褥拿出来晒。有的书香人家不但要晒衣，还要晒字画书籍，将一箱箱收藏的古籍书画，都拿出来晾晾。那些收藏的古书字画晒晒太阳，既可除湿还能防蛀，晒完后再把书画放入樟木箱里，放入几枚樟脑丸，就可以收藏了。六月六晒衣节这天，早上要吃馒头等面食，下午要为家中的宠物猫和狗用花椒、樟脑煮水洗浴，以预防跳蚤虱子，故有"六月六，猫狗蟲牲洗把浴"之说。据说这一天野外的猫狗也会自行跳入河中游浴，孩子们也开始下河戏水了。

农历六月初六是天贶节，即民间祈求四季平安的节日。一般说来对老弱病残者最有威胁的季节有两个：一是盛夏，二是寒冬。这两个季节死亡率高，发病者也多，因此在农历六月初六民间特别注意人畜的安全。民间还有说法："六月勿热，五谷勿结。"老天爷在小暑里打了雷，"半个月黄梅倒转来"，对稻谷收成就产生了影响。六月初六时，一般情况下天气已很热了，谚言"人热则跳，稻热则笑"，人们希望热天要热，这样才能秋后丰收。

夏至日，公历6月22日前后，一般在端阳节前后。这一天是白天最长的日子，"昼晷已云极，宵漏自此长"。夏至来临，南风习习，河水高涨，花草繁茂，树上蝉声嘹亮，麦穗也黄了，江南的黄梅雨季也拉开了序幕。《荆楚岁时记》中记载有"夏至日食粽""夏至馄饨冬至面"（南方馄饨北方面）。的确，到了夏至这一天，江南家家户户要裹馄饨吃，所谓"昼上汤馄饨，夜头煎馄饨"。

为何夏至这一天江南的人们都喜欢吃馄饨呢？据说这不仅是风俗习惯，更是进入夏天人们增加营养的重要方式，以避免疰夏。至今，夏至日吃馄饨的风俗还在延续。江南武进的小河地区夏至有"上乡蒸馒头，下滩裹馄饨"的说法。馄饨的馅心种类繁多，荠菜肉茸、青菜豆干、韭菜鸡蛋等，可谓应有尽有，只有你想不到，没有他们做不到。

记得小时候，大人们总是说，夏至吃馄饨使人聪颖。馄饨，古人称其形"有如鸡卵，颇似天地混沌之象"，而"馄饨"又与"混沌"谐音。民间还将吃馄饨引申为"打破混沌，开辟天地"，于是在夏至吃馄饨似乎就能使人聪颖且不浑沌。夏至吃馄饨，也寄托了人们对避免溺水的良好祝愿。煮馄饨时，等水开了下锅，经过"三滚三冷"，只要一个个馄饨浮了起来就可以捞上来吃了。由于馄饨在水里最终都会浮起来，不会沉到水底，于是就有"在夏至这天吃了汤馄饨，游泳时人也始终会像馄饨一样浮在水上，不会被水淹"的美好传说。还有的地方，夏至吃"馄饨拌面"祈求健康长寿。夏至这天吃馄饨时，有的人在馄饨里拌面条。吃了馄

中国风俗图志·常州卷

夏至吃馄饨

饨可以免疰夏，用面条的长比拟夏至的长昼，讨长寿的好彩头。夏至以后，正午太阳直射点逐渐南移，北半球的白昼日渐缩短，因此民间又有"吃过夏至面，一天短一线"的说法。夏至这天，吃面条也好，吃馄饨也好，都是祈求健康、长寿、幸福的风俗。

夏至后天气转热，尽现《夏至九九歌》中表达的情景："夏至后，一九二九，扇子不离手；三九二十七，吃茶如蜜汁；四九三十六，争向马路宿；五九四十五，树头秋叶舞；六九五十四，乘凉不入寺；七九六十三，夜眠盖被单；八九七十二，被单变夹被；九九八十一，家家打炭壁。"这道出了夏至后的天气变化。

相传农历七月初七是牛郎织女鹊桥相会之日，这一天也就是七夕节，俗称七巧节。当天夜里，江南常州城乡的姑娘们会以各种瓜果奉祀牛郎和织女，并把采集的凤仙花捣碎加上明矾再涂在指甲上，大家在一起比"巧手"，吃"巧果"，过"乞巧"节。旧时注重女孩心灵手巧，认为"有了一双巧手，婚姻幸福尽收"。生活中所谓的巧手就是"里里外外一把手"，会当家，会主事，还会裁衣织衣、纳鞋做垫、绣花剪纸……

江南人过七夕的旧俗很丰富，也很受重视。有诗为证：

七月初七侵晓妆，牛郎庙中烧股香。
回途更把裙衫整，织女桥边鉴春影。
弯弯新月看至圆，结伴好上临河船。
东塘北岸人争觑，倚艇低头放灯去。

在常州北门外十里，有一牛郎庙，庙旁有一木桥，俗称"织女桥"，红男绿女们经常结伴来此烧香，那些有身份的大家闺秀也来此烧一炷高香，求取美满的姻缘。烧过香后，还要取河水、井水各半存于碗中，曝晒至正午，用来玩"丢巧针"的游戏。将缝衣针丢入碗中，直到水面完全平静时，针尖的影子对准谁，那么就是谁中巧。关于这游戏还有诗为证：

穿线年年约北邻，更将余巧试针神。
谁家独见龙梭影，绣出鸳鸯不度人。

这首诗写的就是"丢巧针"，还表达了乞求配上好郎君的美好愿望。常州民间称七巧节的巧妇为巧人，即聪明人、明白人。七夕晚上，大人会带孩童们争看巧云，吃巧果。通过看巧云鼓励孩子们从小发挥想象力；通过寻找牛郎星、织女星，引导孩子们热爱天文；而吃巧果，

中国风俗图志·常州卷

七夕丢针

则是为了祝愿孩子们聪明伶俐。吃巧果时大家还要背童谣：

一螺巧，二螺笨，三螺拖棒头（吃生活挨打），四螺全不识（文盲），五螺富，六螺穷，七螺挑粪桶，八螺做长工，九螺骑白马，十螺坐官船，无螺一场空。

如果七月初七刚好是立秋日，那就是"七夕进喜日"，还有吃西瓜的习俗，因为"多吃西瓜，不生秋痱"。北乡的魏村一带还有"西瓜搭酒吃，不会生疟疾"的说法。

中秋节，农历八月十五，俗称"八月半"，是我国传统节日，在人们心中的地位仅次于春节。中秋节又称"团圆节"，这一天阖家团圆是主题。

传说宋建中靖国元年（1101年）农历六月中旬，苏轼迁居常州。因旅途劳累染疾，农历的七月二十八日苏轼在常州离世。生前，苏轼还表达"小饼如嚼月，中有酥和饴"的月饼情结。

江南传统的月饼，都是苏式月饼，是为满足江南一带人们的口味做成的"金腿""百果""枣泥"等月饼，还有素月饼和鲜肉月饼。苏式月饼有个特征，就是每一块月饼上要贴一张薄薄的纸。

常州人在中秋节还有敬月、赏月的习俗。敬月，或称供月，是在中秋夜庭院能见到月亮的地方，摆设香案，供菱藕、月饼，烧香斗，斋祭月宫。其中香斗以线香编成，上面插有纸扎的魁星及彩色的旌旗，四周糊有纱绢，纱绢上绘有月宫中的图案。供月时，女子跪拜月中的嫦娥，祈求福祉，男子一般免拜。敬月结束后，一家人开始分食月饼，一块月饼可分成几份，一家人边赏月，边食月饼。大户人家会在晚上设宴，边饮酒边赏月。一般人家会在晚饭后外出赏月，此时小孩最开心，因为可以参加一项"走月"的活动。"走月"俗称"游月""走月亮"。"月亮走我也走"，手拿一小块月饼，边走边吃，在皓月当空、秋风送爽的夜晚，穿行在街头巷尾，跟着月亮走，那是多么浪漫的事情啊！这一天，常州城里有名望的文人墨客，都集中在东郊公园舣舟亭旁的龙亭和洗砚池边，在香气四溢的桂花树下品月饼，吃菱角，赏桂花，赛诗词，这就是常州旧时有名的"中秋赏月赋诗会"。

重阳节，是农历九月初九，又称茱萸节、重九节、登高节、菊花节，如今这一天也是敬老节。重阳时节，秋高气爽。这一天，人们身佩茱萸，品尝重阳糕，攀山登高，临风赏菊，不但健身，也是在感受博大精深的中华传统文化。为何重阳节从古到今有赏茱萸、插茱萸的习俗？《齐民要术》载："茱萸可入药，有避疾之功效。"

中国风俗图志·常州卷

中秋拜月

重阳时节，江南人不仅登高，每家每户还要吃重阳糕，这个习俗从古到今一直没变。重阳糕，又称花糕、发糕或菊糕。这个糕，寓意为"高"，所以人们在做重阳糕时很讲究。常州的重阳糕，一定要有枣、松子（或杏仁）、大栗、莲子、青红丝、茭白丝、芝麻等。常州人认为大栗、松子、芝麻可以增加香味，蜜枣可以使生活更加甜蜜，青红丝象征生活美好多彩。别小看茭白丝，它和糕放在一起就有"高高在上（茭，方言中音同"高"）"之意了。重阳吃糕就是图个吉利，取"步步登高"之意。

旧时常州城无山，人们就去东郊的文笔塔登高。登高的人们有两个心愿：一是人往高处走，二是文昌星高照，子孙后代能更好地读书。但由于登高的人多，宝塔只有一个楼梯，人流拥挤。为了解决这个问题，常州的文人雅士就选择到东郊公园的文成坝登高。文成坝位于大运河东。明洪武二年（1369年），人们在舣舟亭万寿宫东开挖新河，并将挖出的泥土堆积于此建坝。坝似小山，以示将常州的文气堵在城东，不让文气随运河水向东流失。每年的中秋节，都有许多文人雅士来此登高，并作诗留墨。

冬至日在农历十一月间，公历的12月22日前后。冬至日，北半球白昼最短，夜晚最长，古人有"何堪最长夜，俱作独眠人"之句。

老百姓有"冬至大如年"之说，那为什么会有这一说呢？原因有二：首先，冬至过了就要准备办年货了，有了过年的气氛；其次，旧时许多田赋、契约，往往在冬至日进行交割签收，冬至也就是各种契约的履行日，所以有"年日"之称。

冬至前夜家家户户要吃胡葱笃豆腐，大户人家还要摆冬至隔夜酒席。关于胡葱笃豆腐，有"有吃吃一夜，无吃冻一夜，吃了热一冬，不吃冻一冬"之说，此外还有"若要富，冬至隔夜要吃胡葱笃豆腐"之说，因为"腐"和"富"是同音，人们也是图个吉利。当然还有的地方冬至吃馄饨、糖圆，人们还说"夏至馄饨冬至面，平平安安直到年""冬至吃糖圆，全家得团圆"。

冬至开始就起九，这叫作"连冬起九"。谚言曰"晴到冬至落到年"，或者"落到冬至晴到年"，民间更有"干净冬至邋遢年"，或者"邋遢冬至干净年"的说法，说明冬至是天气变化的晴雨表。

冬至还是一年中继清明、中元之后的第三个重要的祭祀日，所以冬至这天，大户姓氏的宗族祠堂，要祭祖宗和吃公堂酒（祠堂酒）。一般人家冬至的早上要吃糖圆和印糕，晚上

重阳登高

也要为祖宗焚烧纸钱、锡箔等,还要略备素斋供祖宗(燲央)。

入三九后,江南所有人家都开始腌咸菜,还腌制萝卜干、莴苣条等。腌咸菜,可分为水腌菜和风干菜。一般先将买来的白梗菜,放在空地上晾晒。腌菜多的人家,屋顶上、屋檐下、空地上、梯子上都晒满了菜。晒上3天,然后洗干净,再开始在水缸中腌制。要在缸中一层一层地将菜排整齐,边撒盐边踩,要踩出水来,然后压好石块。几天后,缸中就会有盐卤水将菜淹没,再过几天腌菜就可以吃了。腌菜可作为主菜或小菜,还可以做馒头的馅心,用它做的菜梗爆豆子,好吃又营养。常州还有用雪里蕻做风干菜的。将新鲜的雪里蕻洗净后,晾晒,切碎,放入瓮中,压紧,然后用棒头捣实,最后用草塞严,让瓮里不漏气。过一段时间就可以取出腌好的雪里蕻做炒肉丝、烧豆腐、炒冬笋等,味道十分鲜美。

中国风俗图志·常州卷

东头牛来咧

第五章 传统歌谣

江南的童谣很多,因地域不同而不一样。常州童谣作为优秀的地方传统文化,承载着常州厚重的历史,它以方言传诵的形式展示着常州民俗生活与民间文化,具有独特的地域文化价值。常州童谣无论在语言形式还是内容选择方面都极具地域特色,凝聚了常州地区民众世代相传的集体智慧,反映了常州独特的生活习俗和风土人情。

常州童谣多以方言朗读,经典的传统童谣代代相传。这些童谣与人们日常生产生活密切相关,也和各种各样的动物有联系。常州处于江南水乡,气候宜人,商业发达,人民安居乐业。老百姓在日常生活中和很多动物和谐相处,因此产生了不少与动物有关的童谣。虽然在传唱的过程中也产生了不同版本,但这都不影响童谣的趣味性和生活性。

如《东头牛来咧》版本一:

> 东头牛来咧,西头马来咧,张家大姐家来咧。带格嗲花?带格草花,牛虻踏煞老鸦,老鸦告状,告到和尚,和尚念经,念到观音,观音射箭,射到河蚬(蚯蚓),河蚬唱歌,唱到大哥,大哥开门,开到差人,差人挑水,挑到小猪,小猪扒灰,扒到乌龟,乌龟放屁,弹穿河底,买块牛皮,补补河底,河勒做戏,岸上看戏,长子看戏,矮子吃屁。

童谣体现了百姓生活的安逸和邻里关系的融洽。其中"河里唱戏",说明江南河多,戏班子在船上流动表演。经济的发展伴随着崇文重教的风气,使得江南常州的童谣颇具特色,也充分体现出了地方特色的民俗文化。

童谣用常州话演绎,常州话保留着吴语最古老的语音特征,其声调共七种,远多于普通话的四种。一首首生动活泼、韵律优美的常州方言童谣,就像一颗颗散落民间的珍珠,闪耀

中国风俗图志·常州卷

车水歌

着历史和智慧的光芒。

江南农村是水网交织、河塘密布、水源充足的鱼米之乡。如遇到干旱年份，靠天吃饭的农民就只得用人力或牛力车水来灌溉秧田。人们最初抒水灌田，后来古人发明了水车（又叫龙骨车、翻车），改为汲水灌田。《后汉书》上说水车是东汉灵帝时毕岚发明的。水车利用齿轮原理，用人力、畜力带动龙骨，由装在木链上的刮板将水刮入车槽，水沿车槽升到高处而流入田间。

据志书载，唐宋时期，常武地区疏浚河道，置闸堰，筑田塍，开发低田，龙骨车得到了广泛应用。人们在用牛推水车时，在中间竖一根木头轴心，轴心连着车盘，盘的边沿凿有一个紧挨着一个的木齿轮，水牛拉着轴心转，轴心连着车盘跑，车盘的齿轮轴牵动了水车的槽板，沿着槽管一直伸向河中心。就这样吱嘎吱嘎地一圈圈、一轮轮地转，一板板地把河水提上岸，灌入田。江南的先民根据不同时节生活和劳动的变化，编成可以指导生活实践的童谣，简单通俗，形象生动，很适合传唱。这些童谣句式都很对称，饱含着常州百姓长期的生活智慧，从另一个角度反映了延续千年的农耕文化。有童谣唱道：

> 四人车水①乐悠悠，田变银河白水流。
> 十四个柱环穿心过，二十八个榔头滚绣球②。

关于常武地区龙骨车的使用情景，有苏东坡诗《无锡道中赋水车》为证：

> 翻翻联联衔尾鸦，荦荦确确蜕骨蛇。
> 分畴翠浪走云阵，刺水绿针抽稻芽。
> 洞庭五月欲飞沙，鼍鸣窟中如打衙。
> 天公不见老翁泣，唤取阿香推雷车。

这首诗描述了江南常武地区普遍使用龙骨水车引水入田的生动情景，及其对农业生产的有力帮助。水车以车榔头的数量来区分类型。三人轴水车用于稻田和水源落差较小的平坦田块。落差大的田，就要用上四至五人轴的，当然还有七人轴的。熟练用水车的人一步一步很自然地踏，初学的人往往怕木榔头碰痛脚，不敢跨步，越怕越心慌就越容易打痛脚板。于是有的人只得两脚荡空，吊在桁杆上，被人们戏称为"吊田鸡"。车水的人有时看到路人经过水车垛，就特地加快车速，水珠溅得很高很远，打湿路人的衣衫，双方都一笑了之。逢到大旱

中国风俗图志·常州卷

莳秧

之年，存水量少的小塘小浜都干得河底朝天了，但"人怕老来穷，稻怕秋里干"，这时许多农户联合起来，架起五六部水车，从远处的大河里一垛一垛地"加压接龙"，歇人不歇车地日夜苦干，直到块块稻田都得到灌溉为止。

如今，农田灌溉早就实现了电力化，龙骨水车已进了博物馆。车水歌则留存了下来，依然在民间传唱。

农历五月江南农村水稻栽种地区都要插秧，又称莳秧，就是将水稻秧苗从秧田移栽到稻田里。这可真不是简单的活，这过程中，是存在技巧的，莳秧要求秧苗插好后横竖都在一条线上，所以是个辛苦的农活。

在插秧这一枯燥的体力劳动过程中，江南农民不但有莳秧的智慧，更用歌谣来缓解劳动的疲劳。他们通过许多插秧的民谣俗语来激励斗志，其中也蕴含着朴素的人生哲理。如老百姓常说的那句"莳秧看头挞，带头不能歪"，简单的几个字即告诉人们带头的作用是多么重要。在插秧时，农民们还会唱一些地方歌谣，比如：

> 黄秧落水转了青，插秧山歌闹盈盈。近听如同鹦鹉叫，远听好像凤凰鸣。水是田的娘，秧是娘的命。插秧如种粮，无娘命不长。引来塘河水，千里稻花香。烧出新米饭，满室扑鼻香。吃了米饭到湖塘。你到湖塘去做啥？帮我阿哥找新娘。

这首歌谣反映了本地农民与农事，正因为与生活息息相关又朗朗上口，所以得到了广泛传唱。可不要小瞧了这些农民口中的俗语和歌谣，它们就好像农民们辛劳生活的"彩蛋"，虽然简单通俗，但形象生动，且饱含江南百姓长期的生活智慧，从另一个角度反映了延续千年的农耕文化的伟大。

在江南民间一直有"外甥舅家亲""外甥子像舅""外甥打灯笼照舅"的说法，这体现了千百年来中华民族家族文化中的至亲骨肉情结。这一代又一代延续的亲情成就了诸如"外甥舅家狗，没吃爬灶头"这样的民间俗语，这些俗语铿锵有力，语气中体现出的"霸气"与自信更显出亲情的珍贵。

好的家庭门风，自然是"外甥舅家亲"，能培养良好的甥舅亲情关系。当然，在民间也有"外甥舅家生"的现象，那些外甥不但不受舅家的宠，还被冷眼相看，于是就成了"舅婆（外婆）不疼，舅舅不爱"的"苦主"了，到了舅家过着寄人篱下的生活。在江南常州就流传着这样一首童谣，体现的正是"外甥舅家生"：

舅家生

> 外甥娘舅亲又亲,一年难得上次门。
> 舅公要我堂前坐,舅母叫我灶下蹲③。
> 拿双筷子水淋淋,拿碗饭是冷冰冰。
> 碟子装菜两三根,闲言闲语气煞人。
> 丢落碗筷就起身,永远勿上舅家门!

许多孩子的童年,是在舅家或在乡下舅婆(外婆)家"寄养"度过的,他们自然和舅家格外亲,人们经常打趣地说:"你看这孩子的长相和舅家长得一模一样,就连舅家的'眯细眼'都是一个模子里刻出来的呢!"还有的邻居说:"你看你看,这孩子走起路来,那扭的屁股更像舅家人呢!"民间"外甥舅家亲""外甥舅家相"的说法一直延续到现在。

江南的山歌很多,对山歌的形式江南各地有所不同,一般有男女个人对唱和男女群体对唱两种,对山歌是地方民俗的重要组成部分。

常州的山歌没有那么浓烈,自带一股米酒般清甜的滋味,又不乏些许韵味。比如德安桥上对山歌,在常州是出了名的:

> 日出东方红似火,龙城自古山歌多。
> 六月十九年年有,德安桥上对山歌。

对山歌有时间上的约定,更有主题与目的。每年的农历六月十九,从德安桥到清凉寺,桥上桥下,船来人往,有歌有会,吸引来自各地的香客、百姓和歌者。沿途人山人海,人们汇集到德安桥头,河两边自发的对山歌活动场面十分壮观。还有很多特地赶来对山歌的高手,有丫叉浦来的,有木匠街来的,更多的是四邻八乡的农民。对歌内容极广,有秧歌、田歌、渔歌、船歌、匠歌、情歌、骂歌,还有地方歌谣,有临场对答的,有互相盘唱的,更有相互逗趣的,所谓"信口唱来自有味,嬉笑怒骂皆是歌"。如匠歌:

> 木梳勿做勿得过,山歌勿唱忘记多。
> 六月十九偷个空,德安桥上对山歌。

如情歌对唱:

> 男:山歌唱到河滩头,我替妹妹洗绢头。一边洗来一边唱,洗好伉勒胸口头。
> 女:一路唱到河滩头,哥哥帮我洗绢头。绢头虽薄情意厚,山歌为媒有唱头。

中国风俗图志·常州卷

对山歌

还有问答歌:

> 亮月亮堂堂,贼来偷酱缸。
> 嗲人看见格?
> 瞎子看见格。
> 嗲人听到格?
> 聋子听到格。
> 嗲人捉到格?
> 拐手捉到格。
> 嗲人追到格?
> 脚追到格。

常州地处江南水乡,有关船歌的故事自然是不少的。据说清末有一年的六月十九日,德安桥下来了一条小船,船头一横,堵住了河中水路。只见船头上站着一位眉清目秀的年轻姑娘,她手持竹篙,赤着双脚,引吭高歌,银铃般的歌声压倒了德安桥上下的所有歌手,居然没有人唱得过一个船家小丫头。临了,她还放歌相约:"一个铜板飞上天,七上八下十文钱。嗲人能够答得对,跟你回家过三年。"

姑娘的歌声轰动了四邻八乡,这个故事一直流传至今。大概她就是当年常州霸气的"刘三姐"吧。"刘三姐"们留下的这些风趣接地气的山歌来源于生活,活泼又生动,更易于传播,是百姓茶余饭后的好消遣。

这一首首生动活泼、韵律优美的常州方言山歌,就像一颗颗散落民间的珍珠,闪耀着历史和智慧的光芒,我们可探求其独具特色的地域文化,更可将其作为民俗文化来保护、传播、继承和发扬。如可以再一次放歌,那么这歌声就会像穿越时空的使者,在这袅袅余音中留住我们的乡愁。

注 释

①车水:将低洼处的水汲到庄稼地或稻田内。
②滚绣球:指脚踏的木制传动轴轮番运动。
③灶下蹲:坐在厨房。

第六章 老手艺

常州是水乡,是一座历史悠久的江南文化古城,自古以来经济发达,文化昌盛,素有礼仪之都的称号。常州的先民在这块土地上劳动生活,创造了无比丰富的民俗,这些民俗记述了民间许多生活情景、物质生活状态和精神风貌。

时光易逝,岁月如歌。昔日古城旧景,展示了老常州的市井风情、风俗,勾起人们的怀旧情思。常州的民风民俗在这方土地上,在传统与创新中连接起人们的过去与未来。

修锅

小时候经常见到街上有修锅补碗的人,他们挑着一副小担子,一头是一只小风箱,另一头是一只小柜,小柜里面放着一只小火炉。他们晃悠悠地在小巷里一边走,一边提高嗓门喊着:"修锅哦,补锅哦。"吆喝声节奏感很强。人们只要听到这种吆喝,就会将家里破的铁锅拿出来修,不管是有洞还是有缝,修锅佬总有办法将锅补好。所以,旧时四邻八乡转悠吆喝的修锅佬是人们生活中不可缺少的能工巧匠之一。

清末民初,常州城里的冶坊很多,由于缺乏技术质量标准,这些冶坊手工制作以经验为准。铁锅在浇铸时会产生厚薄不均的情况,从而日久易漏,特别是锅底容易起裂或产生漏洞,但旧时的铜铁金属制品对于普通人家来说是贵重物品,人们常常舍不得买新的,而是修锅补瘩反复使用。有句老话说得好:"新三年,旧三年,修修补补再三年。"有时十年过去了,锅子还在用,这样节俭的生活就是我们所说的"做人家"(节约开支)。

老百姓一般用的燃料是树枝、草茎,硬柴很少。常州城里虽然在清代中期就已经有人使

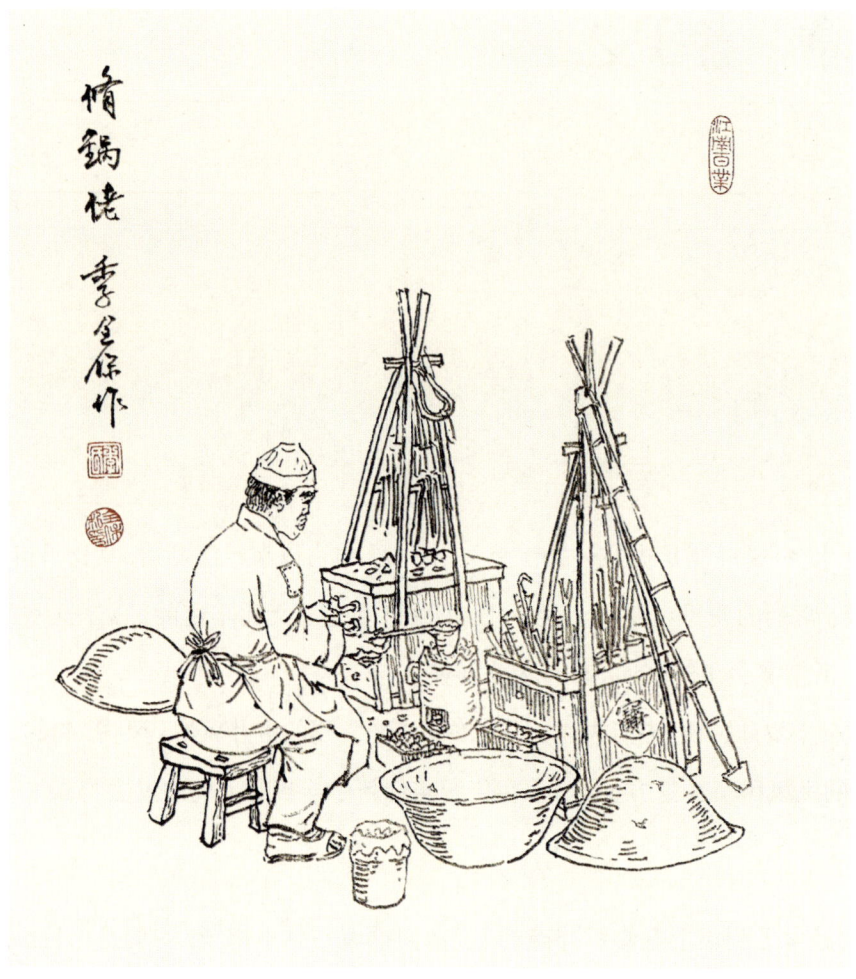

修锅佬

用煤炭,但毕竟价格昂贵,离普通百姓日常消费还是很遥远,老百姓真正能用上煤球应该是新中国成立后的二十世纪五六十年代了。

修锅佬又称小炉匠,他们将顾客要补的锅子看过后谈好价钱,就着手修补。先将锅底灰屑铲干净,再在破损处用小榔头敲出一条小缝,擦干净,晾干备用。然后根据洞口的大小,再将补锅子的碎铁片放入用黏土、火泥等材料做成的坩埚中,坩埚放在小火炉上,点燃白煤后再拉风箱,让碎铁片熔化成铁水,然后用坩埚勺子舀出火红的铁水,往锅的破缝里浇注。操作时,锅底下用一块摊上草木灰的旧布衬牢托好,锅子上面则用一条布巾头卷成的圆筒子紧贴锅面反复揉压。此时白烟直冒,铁水也随着布筒反复摩擦而紧紧粘牢在锅底上。铁水冷却后,用砂皮打磨抛光,再用锤子敲敲,听听是否还有"破壳声",有问题的还要再补补,最后

补碗佬

用水试试，确定不漏了，铁锅就算补好了。

当主人家来取修补好的铁锅时，修锅佬还要特别强调，铲锅子时（炒菜时）要尽量避开修补的疙瘩，不要硬碰硬，这样才能用得更久。这种修锅的活计传承多年，等到大家都使用钢精锅了，修锅佬才退出历史舞台，被"洋锅子换底佬"取代。

补碗

二十世纪五六十年代，在古城的大街小巷总能见到肩挑一副担子的人，担子一头是一个操作台，另一头是一只小火炉和手拉风箱，还有许多操作工具和配件。他们边走边吆喝："补碗哦——补瘩子。"常州人称其为"补碗佬"。

补碗佬大都是来自江西的老表,他们手巧心细,能将一只只破口豁边的碗修补如新。补碗时,补碗佬首先将破碗、豁碗分类,有的要按碗的原状拼装,有的要在破缝上补上瘩子(钉子)。他们麻利地用一根细长的麻线,将碗小心翼翼地绕牢扎紧。接下来便是在裂缝两边打孔。打孔的工具叫舞钻,是用二爿竹弓做成的,弓弦上装有一支金刚石钻头。补碗佬用双膝将碗夹住,双手把住舞钻,钻头就在碗背上不紧不慢地转动。随着竹弓的舞动,不时发出吱咕吱咕的声响,一会儿碗背上就留下了一个个针眼大的小孔。民间有个歇后语叫作"江西人补碗——自顾自(吱咕吱)",这就是由补碗佬打孔时发出的摩擦声而来。接着,补碗佬从担子里取出几枚扁平的骑缝钉(该钉有铜、铅二种),插入小孔内,再用小锤子轻轻敲打,使其平整涨牢。然后再涂上自制的油灰(黏性极强的瓷膏),用水试漏,确定不漏了,碗就算补好了。补的碗虽然"卖相"难看点,但一样使用。一般人家都使用补过的碗。

随着人们生活水平的提高,现在再也没有人使用破碗了。现代人使用的碗,品种繁多,有瓷的、木的、玻璃的、密胺的,还有搪瓷的、金属的。现在的碗成本低廉,破了就没有修补价值了。毕竟时代不同了,"补碗"如今只能是讲给孩子们听的故事,但这故事回味悠长。

箍桶

"箍桶师傅手段高,斧头一把箍几条。""杉板几块拼提桶,一圈一块箍得牢。"这些句子是旧时对箍桶师傅的描写。的确如此,一位好的箍桶匠,是深受人们欢迎的。"箍桶喽!""换桶底喽!"这些吆喝声,二十世纪八十年代前回荡在江南的大街小巷。匠人们为百姓提供了生活的方便。

箍桶匠是三百六十行中与百姓生活密切相关的手艺师傅之一。箍桶匠在木匠中称圆作,因为他们制作修理的均为圆状的桶和盆之类的生活用品。这些桶和盆,主要为提桶、水桶、吊桶、马桶、饭桶、米桶,以及脚盆、澡盆、脸盆等。不管是桶还是盆,都要先用一块块杉木拼接,再按事先画好的线开料锯弧度,然后粗刨、精刨。这些拼板不是用钉子或胶水接合的,而是在每块杉木板上用竹钉连接。箍桶匠在箍桶时先做好圆筒后还要上桶底,将桶底嵌入圆桶下端的槽内,要做到不大不小。最后是箍桶,材料一般是以铁箍为主(也有用铜条或竹条的)。提桶上下二条箍的松紧很关键,因为热胀冷缩,太紧了会裂开,太松了会漏水。铁箍箍紧后,先放水让杉木板胀开,然后再用油灰抹入缝隙,一只桶就箍好了。

第六章 老手艺

箍桶佬

由于旧时家家户户大量使用木桶木盆,所以对箍桶匠的需求也大,人们修桶换底是家常便饭,经常能在马路边、弄堂口看到箍桶匠为大家忙碌的身影。如今家家户户用上了自来水,用上了现代化的卫浴设备,随着人们生活的改善,那些旧时的生活用具也随之淘汰了,箍桶匠也就成了历史。虽然箍桶的行业已经离我们远去,但箍桶匠们制作的提桶、拗手、脚盆都进入了民俗博物馆,有的地方还留下了"箍桶弄""箍桶巷"的路名。虽然现在已经看不到箍桶匠们的身影,但那箍桶匠的吆喝声,那斧凿交错的敲击声,至今还在人们耳边回荡。

磨剪刀

"磨剪刀咪——铲白刀",这是旧时城乡磨剪刀佬边走边吆喝的声音。他们通常头戴旧草帽,身穿破棉袄,掮着短板凳,沿街磨剪刀。

人们居家过日子,剪刀、白(薄)刀钝了,一般不会扔掉再换把新的,而是磨了继续使用,

磨剪刀

所以走街串巷的磨剪刀佬很多,老百姓也需要这种手艺人。因为磨剪刀设备少、技术要求低,磨剪刀佬扛着一条矮凳,再准备好一块刀砖、一把戗刀铲子、一罐水,再加一把毛刷,工具就准备齐全了。他们经常用一双粗糙的大手,将各种剪刀放在刀砖上,淋点水,磨得锃亮,而且锋利至极。他们磨剪刀时特别留心有品牌的,如杭州张小泉、上海王大隆、北京王麻子这些作坊生产的剪刀质量很好,磨刀时需要格外当心,最终磨出的剪刀要达到"破骨不卷刃,剪毛不沾尘"的效果。通常剪刀分成数十种,不同的剪刀有不同的用法,所以磨的方法也不同。一般剪刀有理发剪、指甲剪、纸张剪、绣花剪、沿边剪、长头剪、平头剪、铁皮剪、弯钩剪、手术剪等等,品种不同,磨剪刀的价格也不同。

旧时生产的剪刀都是手工打造出来的,民间的剪刀用量很大,流动的磨剪刀佬也很多。

第六章 老手艺

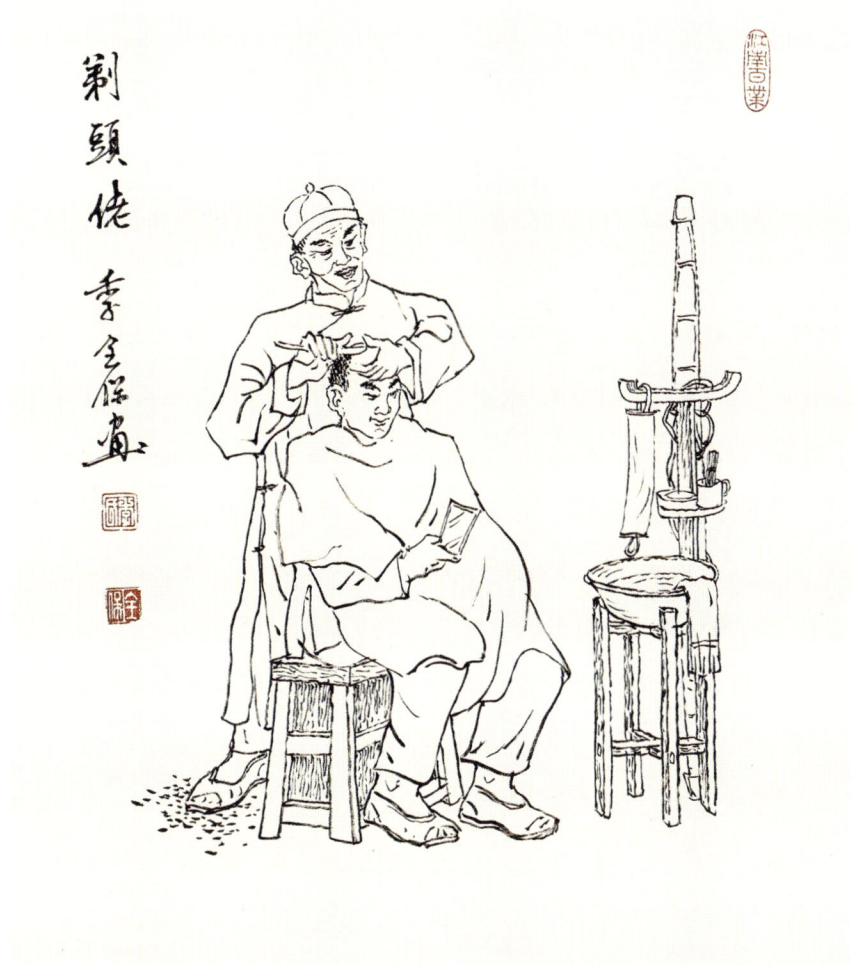

剃头佬

现在偶尔在小区新村里会遇上个把磨剪刀佬,但他们的生意往往十分寥落。因为现在买把新剪刀比磨剪刀更方便,所以磨剪刀这碗饭看来也吃到尽头了。

剃头

现在我们去理发店理发,还有人称"剃头"。年长的理发师傅还能明白,有的年轻的美发师甚至不知"剃头"为何物。

据志书载,清代中期常武地区城乡已有挑担挟包、走街串巷的剃头匠了。到了辛亥革命后,男子一律剪辫蓄短发,剃头匠的生意也就更加兴旺了。常州城的第一家理发店是1920年

在城中大街开办的明星理发店。城内理发店有南大街上的"明星""华丽""美丽",西大街上的"金门",北大街上的"远东""一乐也""永乐",东大街上的"九洲""民乐""大华",局前街上的"国光""巴黎""天仙""绮华""大光明"等等,其中"明星""金门""华安"等理发店名气尤盛。民间的剃头匠人,在清代可分成文武两帮。文帮剃头包括剪发、刮面、刮眼、掏耳屎等,武帮剃头则增加推拿、按摩、捶打、揉捏,可以帮助治脱臼、落枕、崴脚等常见伤病。

笔者小时候,头发长了,母亲就给5分钱,说:"去'罗发记'剃个头吧!"家的旁边有好几个剃头店,什么"罗发记""胡刷子""罗正贯""裴老三"等等,笔者大多数时间是去"罗发记"剃头。这是一开间门面,放一张旋转的椅子,角落有一只黄铜的洗头盆,盘架上有块灰扑扑的毛巾,还挂了块"荡刀布",有一尺来长,四指宽,油光光的,乌黑发亮。每次来剃头,最喜欢看"罗发记"师傅用光刀在这帆布上反复摩擦刀锋,唰唰唰的声音加上寒光四射的刀锋,总是让人背脊骨发凉。每当坐上那张会转的椅子,围上脏兮兮、滑腻腻的围布,就闻到一股说不出的气味。剃完了头,洗头也是难熬的,把头埋到铜盆里,涂上肥皂,就有留有指甲的手在头上搔,让人又痛又痒实在难受。最舒适的就是洗过头坐在转椅上,摇动把柄,调节高度,躺下来享受一会安逸。剃完头,出了店,碰到同学或朋友,他们会在头上拍三记,嘴里朗声念道:"新剃头,打三记,不打三记要触霉头!"这就是拍头的理由。现在这种剃头的风俗已经不存在了,"罗发记"里的这种剃头师傅也早就不在了,所以剃头也变成了儿时的回忆。

修伞

我们现在用的雨伞,一般为布伞,也就是旧时所说的洋伞,既可遮阳又可防雨。旧时人们用的雨伞,有纸伞、布伞两种。布伞又有一般布伞和油布伞之分。现在纸伞、油布伞几乎绝迹了,日常生活中所用的还是以阳伞为主,长柄的、短柄的、折叠的,花样繁多,既方便,还轻巧。

"竹为骨,纸为皮,替赤县生灵,遮多少风风雨雨;晴则藏,阴则出,到黄梅时节,望扶持来来去去。"这副对联形象地写出了雨伞的功能及用途。在二十世纪八十年代之前,沿街总能听到"洋伞、纸伞——修伐"的吆喝声,修伞佬也遍及全城。旧时,常州的制伞业十分庞大,据《武进指南》记载,城内制伞业户有数十家之多。特别是在清同治年间,徽帮的王恒

修伞佬

大、德大森，孟河的巢家，分别在西瀛里、青山桥、西直街等地开设前店后坊的伞店，制作纸伞、油布伞，这是常州最早的伞业。笔者记得小时候，家门口就有好几家伞店。丁二郎伞店是北门有名的伞店，店里大大小小的伞简直可以堆成山，小朋友们捉迷藏时经常躲在伞堆里，只是弥漫在屋中的那股油纸伞的桐油味实在让人吃不消。在常州的西直街上，还有条弄堂叫伞店弄，就是因弄口开了一家巢合兴伞店而得名。

过去人们用久了的伞，不是骨折断了，就是伞面破了，都要请修伞佬来修。修伞佬挑一副担子走街串巷，为大家修理布伞和纸伞。一般最方便修补的就是有破洞的纸伞，只要在破洞处用丝绵纸将调好发酵的猪血和生漆涂上，稍干后再覆盖一张略大的丝绵纸，再抹上点桐油，晾干后就可以继续使用了。修布伞就不一样了，一般都是主骨折断了，要重新换伞骨。现在修伞佬已经几乎见不到了，即使有个别的修伞佬，也只会修折叠伞了。但是买一把伞的价

换锅底

格有时比修一把伞的价格还要低,因此,修伞佬的生意也就很难维持下去了。

换锅底

随着人们生活水平的提高,厨房用具从灶头到铁锅,又从铁锅到洋锅子(钢精锅)的变化也只有短短的十来年。洋锅子最盛行还是二十世纪七十年代,随着家家户户有了洋锅子,街上的吆喝声中,又增加了"修洋锅子伐""有旧格洋锅子换底啰"。这时也常常会看到挑着担子的人,或者骑着自行车的人边走边喊。对我们来说,这是新一代的修锅佬,也是现实社会生活中的一个填补空缺的行当。

常州人日常生活的燃料,从柴草换成煤炭,又从煤炭换成瓶装煤气,再到管道煤气,直到今天都改成天然气。燃料变化了,炊具也同样从铁锅发展到铝锅(洋锅子),再到不锈钢锅和陶瓷锅等。有了洋锅子,就有了换锅底佬。

常州人的洋锅子就是铝锅,又称钢精锅,俗称钢种锅子。由于身轻质薄,洋锅子传热快,烧水、煮饭、煨肉、炖汤快捷方便,十分受人喜爱。因此家家户户少不了它,一般人家都有好多只大小不等的洋锅子。其实,洋锅子也有致命伤,就是铝材与装入的带盐分的食品容易发生化学反应使锅底损坏;还有在燃烧过程中炉底传热过于集中,有时水烧干锅底就会变形或者破裂。在这种情况下,只要请白铁匠换只锅底,洋锅子就能继续使用。有时一只洋锅子要换上三五次锅底,用到不能用才报废。

修洋锅子的匠人又称白铁匠,他们会事先准备好多直径不同的锅底,将其弯成木耳边备用。当主家将漏水或破掉底的洋锅子拿来换底时,匠人会先将破底剪掉,再按直径大小换上新的锅底。通过反边、合拢、敲打、折合,使铝质的材料紧紧地接合在一起。换过底的洋锅子要先烧几次水,这样有防漏的作用。

白铁匠不但换洋锅子底,也为人们使用的铁皮桶换底,还能修金属的畚箕和面盆、漏斗、水壶、笊篱、勺子等,只要是白铁皮制品,他们都能加工和修理,因而又得了一个美称——洋铅匠。这种冷作师傅的手艺很高超,是民间匠人中的佼佼者。

与白铁匠相似的,还有一种特殊的匠人叫铜匠。旧时的铜匠很有特色,他们担子上面两根竖起的挑框中间有一串串金属片,走路时随着人身体的晃动,金属片发出哐啷哐啷的声响,铜匠利用这种特有的声响吸引人们,自己也就省得再开口吆喝了。

编竹篾

竹器和木器旧时在人们的生活中起着很大作用,是日常生活中必不可少的。

竹器和木器相比主要是材料不同,而且竹器的价格要比同类的木器低得多,但它们的使用价值、功能却是相近的。旧时竹器可分为圆竹和方竹,种类很多,大到竹床、躺椅、竹橱、竹凳、竹台、竹篮、箩筐、背篓、筛子、盘篮、竹匾、竹箱、畚箕、苗篮、筒篮、扁担、斗笠、蒸笼、篾席、筲箕、帮筛,小至竹碗、竹杯、竹筹、竹筷等等,连热水瓶的外壳、盛饭的淘箩、扫地的笤帚、刷锅的竹萱帚,都可以用竹编成。"吃、穿、住、用"这人生四件大事,竹器几乎都能派上用场。江南老百姓日常用具多以竹子加工而成,所以竹匠生意也很兴旺。竹匠又称篾匠。

小时候笔者家中的用具器皿,有一大半是父亲用竹子做的,既环保又经济实惠,印象深刻的有爬上爬下用的竹梯子、晾衣服用的竹竿。日常生活中,买菜要拎竹篮,淘米要用筲箕,盛饭要用"么么"(一种竹碗),夹菜要用竹筷,装热水要用竹壳热水瓶,过年蒸馒头要用蒸

竹篾匠

笼,做团子筛粉要用帮筛,真是每时每刻都离不了竹制品。竹床、竹躺椅、竹席是人们最喜欢的夏令用品。在老辈人的记忆里,竹器与市井生活息息相关,真可谓"不可居无竹"。

篾匠师傅日常携带着一条黑腻的围裙、一只方形的竹箱和一根竹担。篾匠活大多在膝盖上做,围裙是必不可少的。竹担内环置一竹圈,上面插着各式篾刀,底下是竹尺、凿子、扶钻,上面有竹编的盖子。一件特殊的工具叫度篾齿(也称龙刀),这东西有些特别,是铁打成的九十度的剐刀,其中一面有一道特制的小槽,固定在一个地方,能把柔韧结实的篾从小槽中穿过去,使篾条变得整齐和统一。度篾齿主要是做篾席时用。篾匠有自己的一套基本功,砍、锯、切、剖、拉、撬、编、织、削、磨,好的匠人样样通晓,件件扎实。竹子从锯成竹节,剖成篾

打铁佬

片,到编织成用具,要经过数十道工序,而且全需手工操作,可见竹篾匠是十分辛苦的。

苏东坡有句名言"宁可食无肉,不可居无竹",而普通老百姓的"不可居无竹"是因竹子的实用功能,竹器美观大方,牢固结实,经久耐用。篾匠这门老手艺正在逐渐消亡,而老篾匠身上辛勤劳作的精神却将恒久地传承下去。

打铁

铁匠,又称打铁佬。旧时有"世上三件苦差事,撑船打铁磨豆腐"的俗语,"铁匠做官来

升堂——只晓得打"的歇后语，都说出了铁匠这行当的辛苦。的确，铁匠是下苦力的，劳动强度很大。在农耕社会，铁匠是一个不可或缺也受尊敬的职业。

铁匠堪称现代制造业的先祖，他们不仅利用手艺谋生，更为社会各阶层提供生产生活必需品。军人用的短枪匕首、长矛大刀，农民用的锄头钉耙、犁耙锹铲，木匠用的斧凿刨锯，船家用的铁锚铁索，甚至老百姓家里用的菜刀、剪刀、门插钎、火钳等，每一样都是铁匠用汗水浇铸出来的。

铁匠在操作时，一般有二人进行。拿小锤者为上手师傅，又称大师傅，一般手艺中的看家本事都出在那只小锤子上；而抡大锤的是以锻、锤、打为主，是下手师傅。形容铁匠师傅的一副对联说得很形象："一间火烤烟熏屋，两个千锤百炼人。"房屋里一座砖砌的熔铁炉子，一只风箱，一个铁磴头（操作台），加大小两把榔头，还有一桶用来淬火的水，这就是全部家当。真正要将一块铁锻打成一件铁器，必然要掌握好冶炼和锻打淬火的技术。旧时要衡量一个铁匠水平的高低，就通过在短时间内打一把薄刀来测试。旧时的菜刀又称薄刀，它是铁匠师傅用厚厚的铁块锤打而成的薄薄的锋利刀片，打造薄刀对技术要求很高。

铁匠终年站着干活，一身汗水，一脸灰尘，是勤劳辛苦的手艺人，随着工业发展，铁匠的作用也被机械代替，但是铁匠的吃苦精神却永远激励着我们。

修棕棚

修棕棚的活计源于何时，难以考证。但在旧时的街头巷尾经常能听到拖着重重方言尾韵的喊声"修——棕棚""坏格棕棚——修"，声音很响亮，很有穿透力，能将深宅底弄的当家人喊出来。

修棕棚佬一般戴顶草帽，捎几股棕绳，箱子里放着刀、钩、钻等工具。后来的修棕棚佬推着自行车，边骑行边喊，一旦接到活立即将旧棕棚用凳子搁好，叫主家用热水烫穿棕棚的孔以清理臭虫，接着就开始修棕棚了。

棕棚是由从棕榈树上剥下来的棕片捻成棕绳后做成的。棕片能防湿，不但可以制作棕棚，还可以做成防雨的蓑衣。由棕绳穿制的棕棚床透气性强、弹性好、舒适度高，所以很受欢迎。然而，经过长年使用的棕棚，容易出现松散和凹陷，所以隔几年就要修理收紧一次。所谓的修棕棚，主要是将棕棚收紧绷牢，要收得紧绷得牢，这里面的榫头松紧很重要。

做棕棚床的木料十分重要，均为硬木材质。棕棚床的质量好坏，区别就在木料和棕绳

第六章 老手艺

串棕棚

上，有了好的材料加上丰富的经验，棕棚就能编好收紧。棕棚多为斜穿的棕绳，在用力绞紧棕绳后，用木塞将棕绳塞紧防止松动。之后，还要在下面用弧形的木箍撑紧，使之不变形有强度。棕绳在绷紧之前先要放在水中泡湿，待干后才可以收得更紧。

一般修棕棚都选在夏天，因为天气干燥，修好的棕棚容易收紧，还因为夏天日头长，每天干的活多，正因如此，常常能听到修棕棚的吆喝声和知了声一起在街道上回荡。修棕棚佬大都是外地人，他们干活多，讲话少，讲的方言也难懂。每条街上都有修棕棚佬，一般都是张师母家修好了，李师母家接上去。如今好多人家住进了新小区，旧式的棕棚逐渐被席梦思取

133

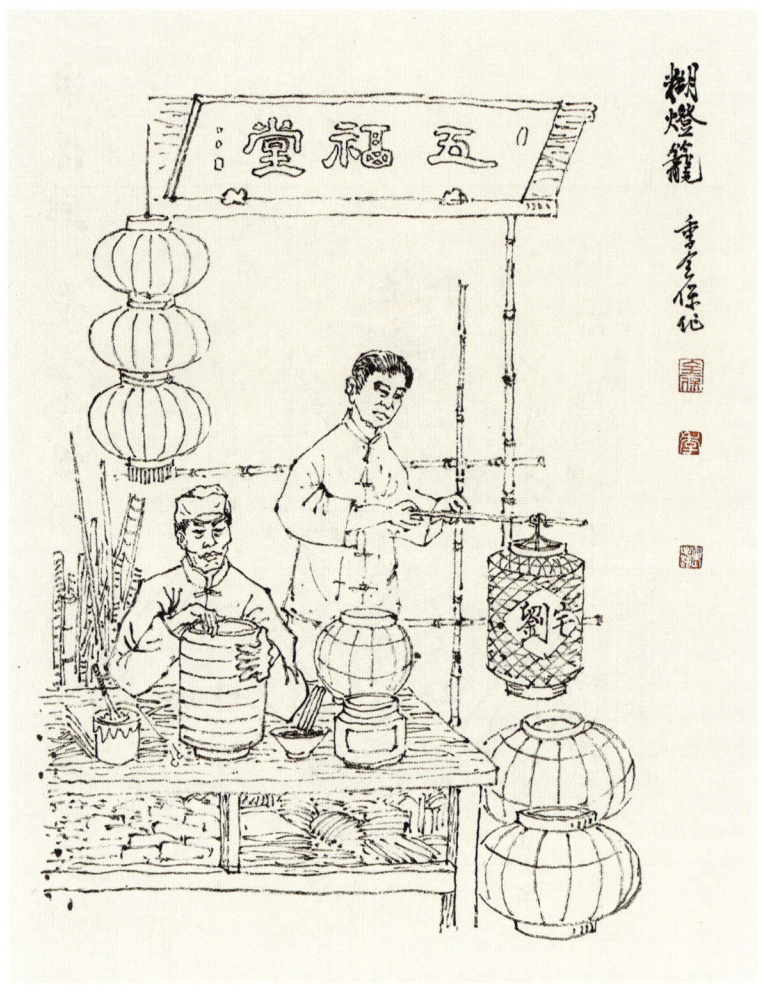

糊灯笼

代，修棕榔佬也越来越少见了。

糊灯笼

旧时常州凡是婚嫁寿诞和重大节庆都少不了张灯结彩，因此灯笼业十分兴旺，糊灯笼也成为一个专门的行当。

灯笼最早是作照明用的，分为手提和悬挂两种，后来用于喜庆装饰。制作灯笼先用竹篾或铁丝做框架，编成圆形或其他形状，糊上绢绸或绵纸，再涂刷清漆或桐油，以增加牢度和防水。灯笼中间有木底盘，可插上蜡烛（或装灯泡）。灯笼有宫灯和花灯之分。宫灯都用高档的硬木来制作木框，再裱以绢绫，考究的还在上面画上梅兰竹菊图案。当然，此类宫灯都是大富之家所用。花灯则不同,它一般是用于正月十五或其他庆典场合。常见的花灯有兔子灯、走马灯、蝴蝶灯、蛤蟆灯、狮子灯、鲤鱼灯、田螺灯等,其中兔子灯、荷花灯都以手提为主。

笔者小时候见到的灯笼店很多,位于大庙弄与北大街上的灯笼店有好几家,一直延伸到庙直街。西瀛里、史家弄口,以及铁市巷、咸宁巷口的灯笼店也很集中。这些店都是以做常规的灯笼为主,而筐箕巷内和青山桥畔的灯笼店都以制作红木宫灯为主。这些店的特点就是前店后作坊,属于手艺人做小生意赚口饭钱,民间有"阿婆打浆糊做灯笼,只够吃来不够用"的俗谚,可见旧时灯笼匠人生活的艰辛。

常州人旧时挂灯笼是很常见的事情,从正月十五的灯会到各种民俗活动,灯笼都是十分重要的喜庆元素。每年元宵节晚上从天宁寺到白家桥,整个运河中停满了船舶,船的桅杆上还挂满了船灯,水里也放满了河灯,天上也有舞动的孔明灯。

旧时的灯笼还被人们用来照明和做店招,饭店、混堂、茶馆等门口从早到晚悬挂灯笼以表明正在营业,这时灯笼就成了招徕顾客的店招和广告。

说到灯笼,还要提一下龙灯,虽一字之差,意思却大相径庭。常州人说的舞龙灯就是逢年过节的舞龙活动,俗称"调龙灯",灯笼店也为客人加工各式龙灯。

修钟表

旧时人们对钟表的需求不是很迫切,那时都以"日出而作,日落而息"的节奏生活,通过看日头来算时间。后来发展成点香计时,一炷香,一更天,以此类推。元代郭守敬发明了大明殿灯漏,实际上这是世界上最早的大型水力自鸣钟。不过将钟变成戴在手腕上的表,是西方人的发明。

钟表真正进入中国人的生活大概在1840年以后,首先进入中国的是英国、德国的钟表。当时钟的品种很多,有座式、立式、柜式、台式、挂式、箱式等,也有怀表、手表等。中国最早的钟表经营和修理店是同治十一年(1872年)开在浙江宁波东门的二妙春钟表行。旧时,钟表是稀罕物,一般人家很少有时钟,更不要说手表了。笔者儿时对那滴滴答答的玩意儿很感兴趣,总感觉里面蕴藏着无穷的奥秘。

笔者幼时上学的路上,有好几家钟表店。放学后,笔者总要站在店旁边看修钟表佬:为什么那夹在眼睛前黑黑的放大镜不会掉下来?为什么通过一块玻璃片看到的手表里的零

修钟表

件比真的要大？看得多了，到上初中时，笔者居然也能将家里坏掉的小闹钟修理得能走动了。钟表师傅修表大都凭经验，因为拿来修理的都是机械表，结构十分复杂，要将损坏的钟表零件拆下，再配到其他钟表上。修表时，哪里游丝断了，哪里需要指针退磁，哪根发条松了，有经验的修表师傅心中都有数，因为就数那些传动件、摩擦件容易坏。所以，修表师傅要头脑活络，眼明手巧，还要胆大心细。相比之下，修理闹钟、摆钟、自鸣钟相对要简单得多了。

至今笔者还是表不离手腕，在数十年间曾戴过钟山、红旗、宝石花、上海以及现在还在

裱画师

使用的西铁城。今天,戴手表的人有两种,一种是对老式传统机械表情有独钟的,另一种就是戴劳力士等名贵手表的。而青年人大都喜爱电子表、石英表,因为它们款式新,走时准,价格也适中。现在的手表成本低,样式多,修表还不如买块新的,加上高档表都有售后服务,所以钟表店就门可罗雀了。

裱画

裱画匠人在旧时的三百六十行中算是高雅的行当了,他们每天接触名人字画,甚至还有许多名家亲自上门加工装裱。这个行当历史悠久,至今还受人尊敬。

中国是礼仪之邦,字画是文人雅士的爱好。写了一张好字,画了一张好画,不管是收藏还是悬挂,送人还是自赏,都必须经过装裱师傅的加工才能得以实现。装裱书画作品工艺复杂,做工烦琐,要求甚高。为此,人们常说:"一幅好画,其中三分画,七分裱。"足见裱画的重要性。装裱需经过拓片打底、加棱边、嵌天地、覆背、嵌线、上墙、收干、裁剪、上丝绳骨签、装杆、装轴、滑光等数道工序才能完成。

裱画师傅的功力表现在装裱老画和修补破损旧画上,那些老画旧画无论是纸本还是绢本,无论是生宣还是熟宣,无论是断裂还是剥落,无论是虫蛀霉烂还是千疮百孔,经过裱画师傅的巧手,都会整修如新。这不仅靠手上功夫,更是要凭丰富的经验和对书画知识的了解。在修补旧画的过程中,老的裱画师知道裱画的纸张,了解绘画的风格、用笔的特点以及修补所用的原料与设色。技术高超的师傅,经他修补的旧画,不但修旧如旧,还看不出有修补的痕迹。

有绝招的裱画师傅,能够在名画、老画上剥下一层纸来,剥下来的纸虽然颜色和墨色淡了,但还是名家的原作。过去市场上经常会出现两幅一模一样的画作,其实这就是采用剥画的方式制作的。在裱画业中这样"剥画"的高手有很多,但未经允许而私自剥画的行为是不值得提倡的。

关于裱画的店,有多种称呼,南方一般称之为装裱店,而北方则称之为装饰铺,旧时常州也称其为装池。印象中最好的装裱师要数原来化龙巷南裱画店的吕生荣师傅,笔者小时候接触名画就是从他那里开始的。

修鞋

皮匠是南方人的称呼,北方人称鞋匠。印象中过去的皮匠总是挑一副竹篓担头,一边放个平箱做工作台,另一边放工具和材料杂物。他们一般在人流量多的地方设摊,也有的走街串巷为家庭主妇鞔鞋钉掌。

皮匠的手艺特别灵巧,破了的鞋帮、穿心的鞋底,到了皮匠师傅手里,经过一番修理就能完好如初。旧时人们一般都穿扎底的布鞋,夏秋两季穿单布鞋,冬春季节穿棉布鞋,大热天有时还穿拖鞋或木屐。由于扎底的布鞋不经穿,所以每年家庭主妇要扎上好几副鞋底,做上鞋帮,请皮匠上门鞔鞋。鞔鞋分正鞔和反鞔两种。新鞔的布鞋面容易起皱,鞋底会翘裂,所以要喷上水,再用预制的楦头来楦熨帖。木楦头一般鞋头和鞋跟是分开的,中间部分根据鞋

第六章 老手艺

皮匠

子的大小增减活络的木楔。鞴鞋时用榔头把木楔嵌入楦头,把鞋楦塞紧,一天一夜后取出楦头,一双布鞋就平平整整地展现在客户面前了。

皮匠一年忙到头,年前或换季时是最忙的时候。尽管如此,辛辛苦苦的皮匠还是"一扎一个洞,只够吃不够用"。以前人们的布鞋由于纳的布底经不起磨,于是就请皮匠在鞋底上钉掌,直至穿破鞋帮为止。随着人们生活水平的提高,穿布鞋的人越来越少了,鞴鞋子和钉掌的生意也很少了,大多数人都穿皮鞋和运动鞋,只偶尔需要补补脱线、钉钉鞋掌之类。原来的皮匠,现在改称鞋匠了。这些鞋匠也不挑担走街串巷了,只是在菜市场门口或人多的场所为人们服务。

"三个臭皮匠,顶个诸葛亮"是脍炙人口的俗语,为何在"皮匠"前又冠以一个"臭"字呢?据传诸葛亮带兵时,曾请三位皮匠设法用牲畜皮做风箱,装置在熔铁炉子上帮助锻打兵器。因为战事紧迫,所用的牲畜皮往往连血带肉,在炉边烤热了就会产生一股臭气,因而拉风箱的士兵埋怨他们是"臭皮匠"。

另一种说法,旧时的鞋子上有两道突出的"梁",称为鞋梁。为了追求考究耐用,有的鞋梁是用猪皮包沿缝成的。有的皮匠在制作时就请高明的同行帮忙,因而就有了"三个臭(凑)皮匠,合成一个猪革梁"的说法。

弹棉花

弹棉花是一项古老的民间手艺,是老百姓必不可少的"温暖工程"。"开门七件事,衣食为头行",这里说的"衣"不但包括穿衣,还包括盖被。

棉被是居家御寒的必备之物,一般家庭都要备上几套,用久了的棉胎难免板结,每隔几年总得翻新。旧时有女儿出嫁,几床新棉被是必需的嫁妆。所以,在民间弹棉花的匠人是家家户户都欢迎的。

笔者小时候所上小学的斜对面,有一家老字号——潘德记棉花店。这家店非常有名,它紧靠黄泥坝,又在北圈门边,生意兴隆。店是二开间门面,里面有一台搅棉机,还有一张硕大的操作台,整天从里面传出"咚咚呛,咚咚呛"的木槌敲击弦发出的有节奏的声音。笔者很好奇,总要躲在门边看上一会儿,才去上学。后来到了四年级,居然和"潘德记"老板的二儿子同窗,就更有机会现场欣赏这弹棉花的"交响乐"了。

传统的弹棉花工具其实很简单,一架搅棉机(木质的)、一只木盘,外加一把棉花弓、两只木槌,这就是全部家当。加工一床棉被的弹絮活一个人要忙一天,弹棉絮按斤收费。弹棉花时满屋棉絮飞扬,声音也很响,有句俗语云"棉被弓若弹,闹着三代难眠",所以弹棉花匠人多数耳背。每当弹好一床被子,匠人也变成了雪花人。他们在飞絮世界里工作,那种艰辛是常人难以体会的。加工一条棉被,要经过六道工序。先是开棉,即用搅棉机将客人送来的旧棉胎搅松;其次是铺棉,将搅松后的棉花均匀地摊在长桌上;接着就是弹棉,弹棉匠背着棉花弓,手握木槌,将细绳压在棉胎上,使劲敲弦,用棉花弓将棉胎弹松、弹平;接下来是牵纱,就是俗话说的"上纱网棉";随后是压筛,用木盘将棉胎压平整;最后根据客人的需求在棉胎上织出团花等喜庆图案,这叫作抢纱。

弹棉花

这种弹棉花的场景一直延续到二十世纪八十年代。现在民间的弹棉花匠人越来越少了,人们轻易见不到弹棉花的情景了。在我们的生活中,传统的棉被已经被化纤被、蚕丝被、羽绒被部分取代了。对于年长的人们来说,虽然羽绒被盖得热乎,蚕丝被很轻,但是盖在身上总觉得没有手工弹出来的棉被踏实。弹棉花这项古老的民间手艺逐渐消失,也许再也回不来了。

凿石

旧时常州石匠很多,石匠店也很多。据说在化龙巷的东厢还有一条弄堂叫黄石匠弄,这

石匠

个名字一看就与石匠有关。市内石匠云集之地是觅渡桥北庙沿河一带，这里的石匠店门面朝南，两开间，店连店，店屋虽不高，但从门口凿好的石碑、条石、阶石、磨子等成品来看，生意极好。

自古以来，石匠是百业中艰辛的代表。石匠虽无万钧之力，却能凿百丈之崖，能劈石筑路、铺石修桥、刻碑雕狮。

石匠有行话："凿石不识纹，累死打石人。"所以，凿石绝不是仅靠蛮力，而是要识石随势，顺纹理凿，否则既费力，还容易凿豁边。旧时的石匠开大样石的榔头柄非常讲究，不是木柄，而是三片竹片拼拢的具有弹性的竹柄。用这种柄的榔头敲打石块既省力又能提高效率。

衡量石匠水平高低，要通过让他凿一块石碑来测试：把一块料石凿成表面光洁、四方平整的碑，和另一块石碑合起来不能有缝隙。这一测试在行里叫"自行光顾"。

在石碑上凿字，更是一个需要技术加艺术的活儿。一般的石匠都是请书法家将字写在宣纸上，将纸粘贴在石面上，连纸一起凿。也有高水平的石匠，请人直接用乌墨写在石板平面，自己随手凿，凿出来的字笔笔精到，字字传神。古时候留下来的许多石碑中的书法佳作就有石匠的一份不可磨灭的功劳。

与凿碑雕的石匠水平相当的，要数专门凿石雕的高手了。那些门廊上的高手的石雕作品，有的是梅兰竹菊，有的是人物走兽，雕琢得栩栩如生、惟妙惟肖，给人以无限的遐想。

石匠是一个总称，细分起来门类很多。有凿磨子的、凿狮子的、凿门臼塘的、凿石锁石球的，还有凿井栏圈的……他们各专一行，各有所长。现在的石匠，估计只有在偏僻的山区或边陲山寨里，才能发挥他们的技能，在城市中已难得一见了。

缝衣

常州人称缝衣匠为裁缝，他们凭一手针线活挣钱养家。好的裁缝师傅大都是男性，在过去很受人尊重。

旧时人们穿的衣裳大都靠现做，都是请上门裁缝到家中缝制的。虽然街上有成衣店，但少有人问津。请裁缝上门做衣服更划算，一是做的衣服更合体，二是还可拆改旧衣。老百姓做件衣服不容易，要想请裁缝师傅上门，首先得经人介绍找到好的裁缝师傅，事先买好面料、丝线、纽扣等辅料，和师傅算好工时，定好工钱，约定时间上门做活。裁缝师傅会带个下手（徒弟之类），夹一个布包，包里面有刀剪、尺子、熨斗等工具。上门后先要搁一扇门板做衬台板（工作台），量好尺寸，定好款式，然后进行裁剪、缝制、钉扣等。原先的裁缝都是手缲翘边的，所以活计干得慢，有时一天一件衣服也做不了。旧式裁缝不用洋机（缝纫机）干活，后来有了缝纫机，干活就快多了。大约是在二十世纪五十年代后，才大量使用洋机缝衣服。上门裁缝干活，主家每天要提供三餐茶饭，早饭不能太稀，要加点茶食糕点或麻糕油条，中午必须有鱼肉荤腥，有时下午还要备点点心。到完工的一天，茶饭要好一点，以示主家的尊重。

一般上门裁缝都是按料裁剪，有时会碰到好一点的料头，由于当时没有电熨斗，就使用

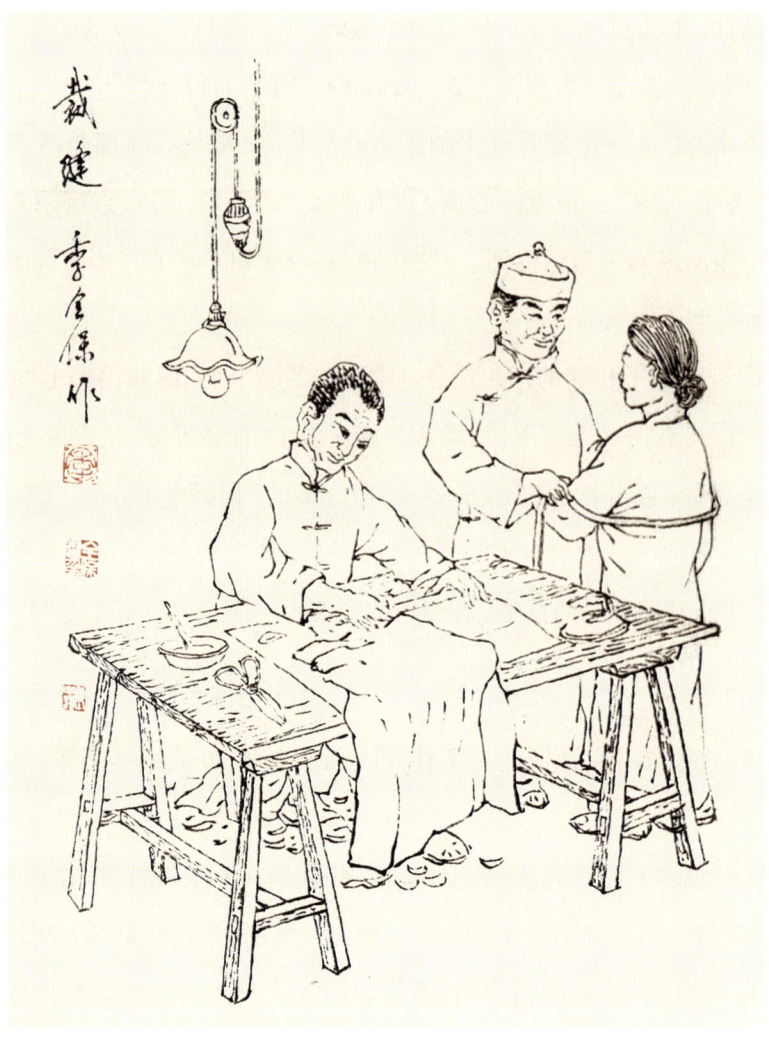

裁缝

木炭熨斗（一种放置烧着木炭的容器）。裁缝师傅嘴里含口水，对着布料"噗"的一声喷水，接着就用木炭熨斗烫平。那时的裁缝不但敬业，而且坐功了得，做活期间除了吃饭从不休息，的确很卖力。上门裁缝师傅工钱是随行就市的，一般完工后就会付清工钱，然后他们再到下家继续干活。

过去常州的裁缝店面也很多，但加工费要高出上门师傅许多。所以，民间有句俗语："裁缝不赚布，三天一条裤。"

现在，老一代的上门裁缝已经很少了，老百姓都上百货商店和成衣专卖店任意选购衣服，裁缝师傅们依旧在我们看不到的地方为我们服务。

第六章 老手艺

吹糖人

吹糖人

吹糖人与捏面人看上去是大同小异的，做的都是人物、动物造型，但实质上完全不同。孩子们特别喜欢用糖做的动物，它们既好玩，又可以放在嘴里吃。对于牙牙学语的孩童来说，旧时的"糖人"是他们认识世界的一扇窗户，所以吹糖人的售卖对象几乎全是孩童们。

吹糖人的手持一面小铜锣，挑着一副担子。担子一头是箱笼，它既可以做凳子，又可以藏原料。担子另一头是展示糖人作品的桶架，桶架下方就是一只紫铜锅，锅里存放着饴糖，锅下面一只小炉子用来给糖保温。桶架上立着一根稻草棒，草棒上面插满了用糖

稀做的大刀、宝剑、公鸡、小狗、老鼠、兔子、宝塔等,其中做成"丫"字形状的"叫叫"(哨子),孩子们非常喜欢,他们喜欢一边吹一边吃。孩子们只要听到小铜锣一响,全都汇聚过来,围在吹糖人师傅的身边,睁大眼睛看着怎样吹糖人。看着看着,有的孩子口水就会流下来,总想买个在手里玩玩、嘴里尝尝,但是大多数孩子身无分文,只能饱饱眼福了。

笔者记得小学的校门口,总有一个吹糖人的把担头停在那里,只见他将饴糖放在紫铜勺里,熬成糖稀。有的孩子用1分钱来买糖稀,于是吹糖人的就会用两根小棒(比火柴棒稍长)掘一点糖稀,让孩子自己调,孩子一边调,一边用舌头舔了吃。要想买个又能吹,还能玩,更能吃的"叫叫"要3分钱,如果买动物造型的就要5分钱,只有大人在场时,才有可能买给孩子们。到了节假日,许多孩子都会缠住大人买个"叫叫"解解馋。其实笔者小时候最喜欢的是在"叫叫"上粘个"风婆子",吹"叫叫"时,风带动用蜡光纸做的"风婆子"转动,好不威风,即使"叫叫"吃光了,还有"风婆子"可以拿在手里迎风奔跑,继续玩耍。

一般和吹糖人的同时出现的还有卖棉花糖的。他们卖的那一朵朵如云一样白白大大的糖,拿在手里轻如棉絮,又好看又好吃。

捏面人

捏面人是旧时市井中最有艺术含量的手艺。捏面人的常常背着一只小木箱,后面挂着一张小折凳走街串巷,出没于闹市区的公园、剧场、学校等公共场所。到了人员密集区,捏面人的就会坐下来将用彩色面团捏成的面人插在木箱的横杆上。捏面人时,将彩色面团在手中搓捏,一会儿,一个绚丽多彩、神采奕奕的人物或动物形象就出现了,有孙悟空、猪八戒等。由于色彩鲜艳夺目,造型生动有趣,面人深受孩子们的喜爱。

捏面人,俗称捏粉团、捏江米人,文雅的名字叫面塑,据说它的历史可以追溯至汉代。

据记载,最早捏面人的是晋北人,他们在定亲、成亲、做寿时都要用面捏出各种动物,还有寿桃、糕团之类,以示祝贺,还有的把捏出的"玛瑙团子"作为祭祀供品。

捏面人的工序很复杂。先要将面粉(米粉)加滚开水和成大面团,再加入蜂蜜和香油以防止制作好后作品开裂,然后将面团放在蒸笼里蒸熟,再分别拌以品红、品黄、品蓝这三原

第六章　老手艺

捏面人

色做基色面,再用大白、烟黑等色制成极色面,又用湿布包好彩面备用。捏面人前,先要用蜡黄润手,因为面有黏性,蜡黄可以防止黏手。首先用一根小竹签为架,将彩面团通过搓、揉、团、捏、挑、贴、掀、捻、刮、压、按等十多道工艺手法精心制作和做造型。面人的头、身体、服饰、道具都要做得惟妙惟肖,然后将做好的面人插在小木箱的横杆上,陈列出来,供人们欣赏购买。这种面人只能欣赏,不能食用。掌握这门捏面人的功夫,要具备绘画、色彩调配的能力。常州城内有个"面人吕",他能在10分钟内捏出一个人像,且人像既传神,又逼真。如今还能见到他背着木箱穿梭在大街小巷,活跃在各种民俗文化活动中,为发扬捏面人这一传统技艺,默默无闻地奉献着。

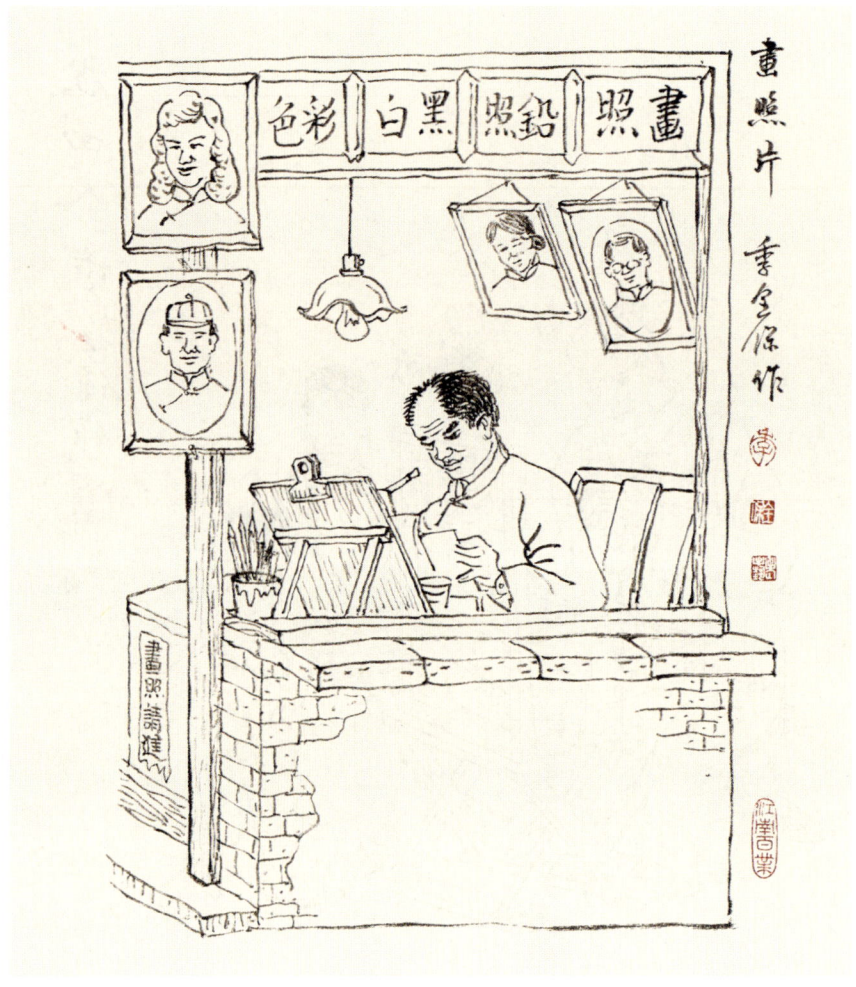

画照片

画照片

以前,常州城里将画照片的称为画师。为什么要画照片呢?就是为了在人去世以后给家人留个念想,而且在祭奠仪式上也要挂亡者的遗像。清代以前祭奠仪式上只设灵位,而到了清末,画照片(遗像)就流行起来了,办完丧事后将亡者的遗照挂上墙,使后人世世代代不忘祖宗的恩德,以作纪念。

画照片,又称画铅照,用的是铅笔、炭笔、铅粉、炭粉。传统的画照是以毛笔和宣纸画的,但民国后,时兴画铅照,用老百姓的话说,铅照立体感强,画出来的照逼真。

笔者从小就喜欢画画,从5岁开始,父亲让笔者每天写毛笔字,但笔者偏喜欢画画,写完几张毛笔字，就会到大街上去看别人画照片。离笔者家最近的画照片的店就在化龙巷的南头，叫钱小安画坊。大概在二十世纪五十年代末，笔者有一次去大光明电影院看电影，发现这里有家画照店，就一直站在那里看钱小安画照，等笔者反应过来要去看电影，赶到那里时，电影早就放完了。兴趣是最好的老师，兴趣也促使笔者毕生与画画结缘。从那以后，只要有机会笔者就去看画照片。当时画的照片有电影明星赵丹等，和真人一模一样，那高超的技艺真的让人羡慕得五体投地。给我印象最深的是一幅国画齐白石的半身中堂，就挂在房屋的正中。画照片时只见临窗一张画桌，桌边有个年近半百的男人戴着眼镜，桌上铺着一张纸，走近一看上面打满了格子，桌子的左上角有张一寸的小照片，上面压了一张透明片子，片子上也有红色的小格子，后来才知道这叫九宫格。那人右手拿着笔，一会儿描，一会儿画，一会儿还要蘸点炭粉用纸做的笔在画纸上擦。过了一会儿再看放大的画，真是和照片一模一样。

画照片这个行业曾风光过相当长的时间。旧城最早的较有规模的是双桂坊街口的华艺画像馆，大概开设于光绪二十五年（1899年），由清末上海传授西洋铅画的画师操办。后来常州城内有多家画照馆在县巷、东大街等地开张。

据说现在画照片技艺还可以申报非物质文化遗产了。

第七章 老行当

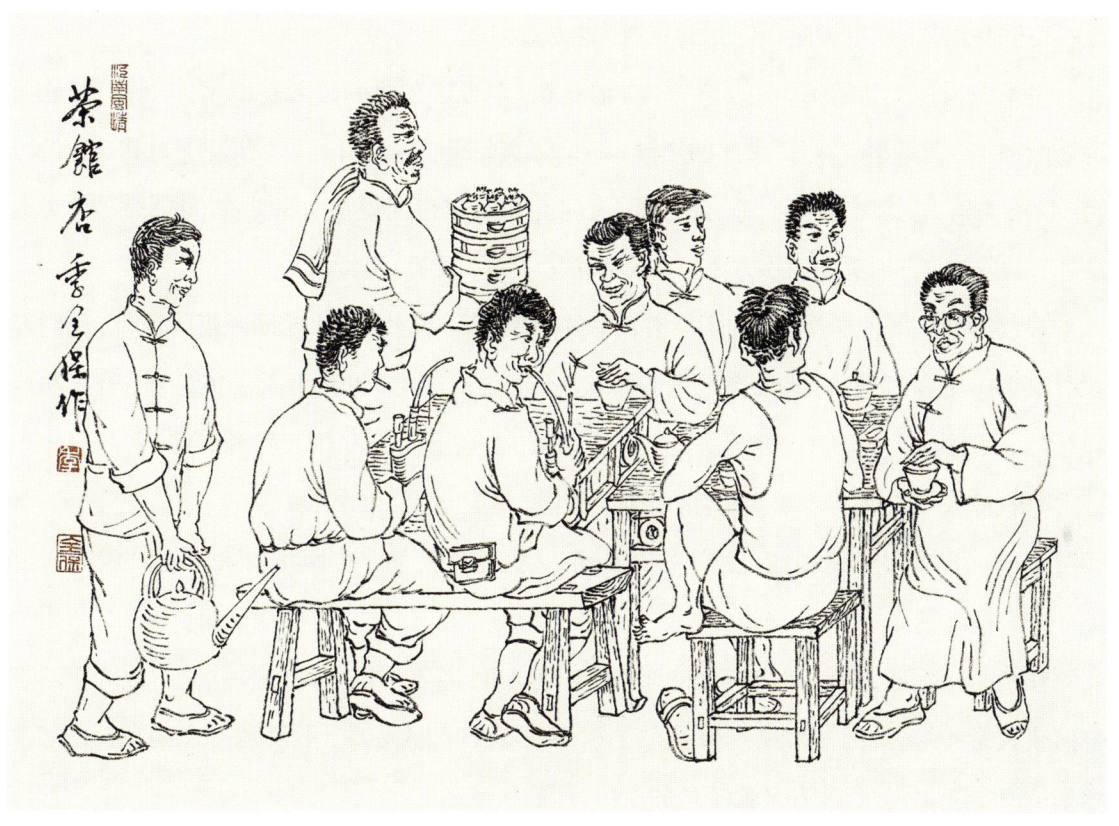

茶馆店

茶馆店

江南大概是水做成的,江南人的生活也是与水分不开的。小时候总听大人说"早上皮包水,晚上水包皮",长大后才明白这"皮包水"就是上茶馆吃茶,而"水包皮"则是上澡堂洗浴。江南的街上到处都有老虎灶,各处都有茶馆店。这里很怪,"喝茶"称"吃茶",而且是日常生活中必不可少的组成部分。吃茶不是为了解渴,而是一种惬意的生活方式。

每天天色空蒙,鸡叫头遍,茶馆店就要开门迎客了,那些茶瘾很大的老茶客,一个个

很早爬起来,必定要跑进茶馆店,吃上头开茶。只有一杯浓浓的茶水下肚,一天的生活才算开始。

当头开茶吃完后,隔壁的麻糕桶对面的阳春面也飘来了香味,于是,一块麻糕、一根油条或者一碗阳春面就是一顿美味的早餐。一般老茶客要在茶馆店里吃完三开茶以后才离开,此时,太阳已升得老高了。

这些老茶客将头开茶称为清胃茶,用它来洗净隔夜的沉积。吃完头开茶,大多数老茶客是不会轻易离开的,继续吃茶吃到肠胃通,这也被称作"孵茶馆"。

小茶馆是一个大世界,南北商贾,本地百姓,都可以在此海阔天空地聊,尽管旧时墙上到处贴满"莫谈国事",但百姓间的交流,还是热火朝天。在江南的茶馆里有"吃讲茶"的习俗:张家大姐、李家媳妇受了气,蒙了冤,有时会在茶馆讨回说法。这叫"吃讲茶"或"端茶赔礼"。"吃讲茶"时失礼的一方要为当天的茶客买单,以示诚意。

茶馆店到了下午更是热闹非凡。有说书的、唱滩簧(锡戏)的、弹词开篇的等等,他们经常引来满座茶客,而且这些大都是老茶客。当上演到中场时,各路小贩云集此地,有卖甜咸麻糕的、卖蟹壳黄的、卖小笼馒头的、卖马脚爪的,还有卖马蹄酥、葱油饼的,各种时令点心,应有尽有,当然还有小贩卖香烟、旱烟、鼻烟、瓜子、长生果、豌豆等。

值得一提的是卖麻团的,他们一边看戏一边卖麻团,被人们编成了歇后语"看戏卖麻团——心不在焉"。

江南茶馆之盛,与江南产茶有关。江南人爱吃茶,茶不但可明目,更可清心,故苏东坡有"何须魏帝一丸药,且尽卢仝七碗茶"之句。茶馆在江南人心中,不仅是一个满足口腹之欲的场所,也是一种颇具地方文化特色的生活方式。

老虎灶

笔者小时候,每天晚上总要去家门口的老虎灶,夏天去为家里灌开水,冬天还要灌"汤婆子"。记得在一条街上就有四五家大小不等的老虎灶,都是清一色的排门,靠墙一侧黑黝黝的店堂里就是大大的老虎灶,灶上永远烧着热气腾腾的开水。灶后部是一只用杉木做成的二尺来高的大水桶,用来存水。灶中部四只井罐一字排开。灶前部是一只长方形的积锅。为什么叫老虎灶呢?笔者小时候不明白其含义,每次去泡水都要反复观察,总是找不到答案。长大了,才慢慢看出门道,原来木桶积锅后面的烟囱,就是"老虎"长长的尾巴,很粗壮,

第七章 老行当

老虎灶

一直冲出屋顶。灶膛整天吃着砻糠,在四只井罐中间喂砻糠时,打着铁盖,装上漏斗,倒下"食粮",用一根长长的火钳插入灶膛一下,"老虎"肚里就会发出轰轰的吼声。最前部积锅下就是"老虎"的嘴巴,会吐出砻糠灰和煤渣。

老虎灶烧水一般用河水和井水。笔者小时候所在的那条街上还没有自来水,总是看见老虎灶的男主人或伙计一大早就到殷家桥河边或孟家村河边挑水回店里,往一口"七石缸"里装水,然后加生矾澄清后就开始烧开水了。有的老虎灶,自家后院有井,主人从井里吊水用。直到通上自来水后,老虎灶主人才脱离了挑水这一繁重的体力劳动。

过去到老虎灶泡水是不用现金的,一般都是先买了竹筹,花一角钱能买11根小筹,可灌11个热水瓶。别看这小小竹筹,却也是"代金券",而且制作工艺很精良。竹筹一般是3寸长,1指宽,在竹青表面用火烙上茶馆的火印,抹上一层桐油后既防蛀又不浸水。

除了可以用来灌开水外,规模大一点的老虎灶还在堂口里设茶馆,有的甚至在下午设堂

会,有说书、唱滩簧等活动。笔者去过的品仙就是一家规模较大的老虎灶茶水店,堂口里有八张桌子,一个小戏台,在冬天还开设"盆汤",供人们洗浴。

江南的老虎灶是老百姓生活中不可缺少的风景,它藏在大街小巷,方便着千家万户。记忆中,老虎灶散发出来的热气里总有一股浸湿的木兰和煤炭味,伴着茶叶的清香,这种味道一直缭绕在记忆中,挥之不去。

收旧货

旧货一般指家中不用的物品,或者已失去使用价值的、淘汰的物品,它们换了地方、主人,可能会派上意想不到的用场,由此延伸出来的行业就是收旧货。收旧货在旧时城乡也属于三百六十行之一。

收旧货佬有时挑了一个担头,嘴里沿街叫喊"收——旧货",有时也会肩上搭个褡裢,前面是收的粗货,后面是收的细软。收旧货可分为硬货和软货。硬货就是那种破落的大户人家的家用杂货:铜痰盂、红木椅、紫铜器、烛台、香炉、脚炉、座钟;软货一般指首饰、手表、丝绸、字画等。

笔者家对门的范师母,丈夫去了台湾,日子过得拮据。特别在二十世纪六十年代初,大家都吃不饱、穿不暖的日子,她只要一听到"收——旧货"的喊声,总要叫其停下,回到后房,拿出几样东西卖掉。笔者在上小学时,发现做作业的一张红木四仙桌不见了,母亲说是让收旧货佬拿走了,卖的钱买了10斤米。

城里的收旧货佬倒不是只收旧货破烂,其实他们主收旧的铜器、家具,如果收到瓷器、书画、钟表,只要转个手就有很大赚头,所以精明的收旧货佬样样收,而且有的人还是行家里手,对于收到的好东西能鉴别出价值高低。原来在下街有个收旧货佬,没干几年,居然在西瀛里开了旧货古玩店,店里面摆满了他收来的各种旧货。在别人家没有用的东西,到了这儿就是古董了。这位老板原来破衣布衫,后来夏穿香云纱,冬穿皮袍子,四十岁不到的他居然一手一把鸡毛掸帚,一手一壶老浓茶,像模像样地做起了老板。

过去老常州有好几个旧货市场,如西门表场、西瀛里、东门水门桥、北门青山桥、斗巷,它们各有各的特色。后来小东门桥的旧货市场就是最大的了。到二十世纪八十年代,南大街上的利群旧货调剂商店规模也很大,虽然二开间,但进深10多米,在这里交易的旧货五花八门,以电器、电子钟表、日用杂货为主。

收旧货

唱弹词

笔者听说书,还是在二十世纪六十年代初上小学时,当时学校下午一般只上两节课,家庭作业又少,三点钟光景就放学了。有时同学放学后会出去玩,挖"乌金烂泥"做枪、弹弹洋片什么的,笔者则背了书包就回家。

回家的路上总要经过茶市的茶馆店,而下街牛行场弄口的品仙茶馆店特别吸引我。每当经过此地,总会听到从门缝里传出的悠扬的弹词声,于是笔者就会偷偷地站在排门外听。听隔门书是难以过瘾的,因为有门的阻隔,声音缈远飘忽,更重要的是看不见说书人。于是我会探出半个脑袋,似懂非懂地听着里面的声音,不管是听弹词还是听说书,总要听到被人赶走为止。后来,笔者也偶尔跟父亲进去听过几次,发现里面不但有书听还有东西吃。

当时只知道叮叮咚咚的琵琶声很好听,后来才知道是"转轴拨弦三两声,未成曲调先有情"。原来这弹词称评弹,江南人通称"说书",是使用标准的苏州方言边说边唱的一种非常

弹词

好听的曲艺,广泛流行于苏浙一代。《杨乃武与小白菜》《秋海棠》《啼笑姻缘》等吴侬软语的评弹曲目,十分受城市和农村百姓喜爱。

评话称"大书",弹词谓"小书",说书先生一般左男右女(女的也叫先生),说唱的大都是传统版本的戏。男的手持三弦,女的怀抱琵琶,他们边说边唱,曲调深沉委婉,声音圆润饱满,随着乐曲抑扬顿挫地倾诉衷肠。在淡雅的灯光下,单靠椅子排成左右两席,椅子上的蒲团以素色缎子饰面,两个椅子中间是一张小桌子,上面放着茶水、执扇和一块惊堂木。墙上挂着水牌,写明说书先生和弹唱曲目。有时墙上或柱上还有对联,如"舌底莲花弹唱离合悲欢,胸中成竹评说今来古往"。台上台下,演员观众近在咫尺,说书先生不怕听客朋友提"冷刺",挑"节骨",甚至"扳错头"(提意见)。台上说得潇洒自如,唱得轻松婉转,台下听客一壶清茗,惬意至极。说书人说到激情处,台上台下融为一体,观众如痴如醉,时而悲切掉泪,时而开怀大笑。一场好的书说下来,说者心旷神怡,听者深受感染。民间评弹名家各有特

唱戏佬

点：蒋调清雅，徐调温软，翏调潇洒，张调激昂……

二十世纪六七十年代后很少去现场听说书了，再后来，也只能在半导体收音机里听听说书，解解心馋。这些吴侬软语也同岁月一样随着琵琶和三弦声逐渐散去。

唱戏

这里说的唱戏佬，一般是指沿街卖唱的那种父女、师徒搭档。他们一到晚上，华灯初上时，就会来到人多的地方，为大家唱上一曲滩簧（锡剧）或一段申曲（沪剧），有时也会来一段绍兴戏（越剧），虽然唱得不专业，但能博大家的欢欣，能够拿上几个赏钱，也好糊口。

这种唱戏佬在二十世纪六十年代前还是随处可见的，通常一个老翁手拿胡琴，身后跟着

一个女孩,一会儿在街上,一会儿来到饭店酒楼的堂口包厢内,然后琴声起,他们就开口唱。唱戏佬有时是随意唱,有时是客人点唱,不管怎样,唱完后,女子总要上前讨好客人,讨些赏银,而客人有的施舍,有的不理,有的还要骂骂咧咧。如果听到骂声,跑堂的立刻过来赶走唱戏佬,此时笑声和划拳声也早已淹没了卖唱声。

这些唱戏佬非常艰辛,漫无目的地边走边唱,有时白天来到人多的地方以唱戏来换取自己的温饱,有时也会事与愿违。在过节时或庙会上,这时候观众多,只要唱出真情实感来,就能博得观众的同情,用哀怨曲调来换取些许赏钱。

也不乏唱戏唱出名堂的人。据说青山桥有个唱戏佬,从小唱戏。她白天织布,晚上上街唱戏,能随口编唱,见什么人唱什么戏。她常年穿一套青布衣衫,大家就叫她青衫姑娘。她一出场,就有许多人喝彩。后来她找了个志同道合的拉胡琴佬,一起搭档,同进同出。再后来他们唱出了名,就专门为富人家"唱堂会"了。多数唱戏佬都属于民间艺人,过着辛酸的生活,不能进入私家唱堂会。旧时,豪门富户有喜事才会唱堂会,在堂会上一般都是唱的喜庆的折子戏,请的唱戏人和琴师也是有点名气的,主客可任意点戏。常武地区唱堂会,一般是以京剧、锡剧为主,偶尔也有昆曲和评弹。唱堂会的人所得的赏银往往比平时唱戏所得要多得多。但是真正的大名角儿是拒绝唱堂会的。

茶房

现代人对茶房这个名字已经很陌生了。

那么茶房到底是什么呢?旧时的茶房也俗称堂倌,仅是一般栈房旅馆内的跑堂的,负责接待下榻的客人。一般有客人光临,茶房就会跑到门外,笑脸相迎,从黄包车上帮客人将行李、皮箱提到大厅,安排办理住宿手续,然后再将客人的行李、皮箱拿到客房。至此,茶房只是做了第一步——迎接客人。他们还要为客人端茶送水,嘘寒问暖。如果客人问到附近有何有名的馆子(饭店),茶房就要呈上写好的多处馆子的地址,并介绍菜品的特点,还要为客户叫好黄包车,这才算结束。此时客气的客人就会或多或少地向茶房施以小费。如果客户住宿较长时间,茶房还要为客人联系洗衣等杂差。如果客人要离开旅馆,茶房要代为结账,并一直送到门外,叫上黄包车。这一系列的活计做完,如能博得客户的好感的话,那么肯定会有赏银若干。

一个好的茶房,必须做到一脸笑容,满腔热情,亲切招呼,殷勤服务,时常是左手一壶

茶房

水,右手一块布,跑前跑后,楼上楼下,嘴边招呼不断,说话滴水不漏。好的茶房就是一块好的店招。

当一位好的茶房,掌握了跑堂的技巧,就会让客栈增辉不少。茶房在普普通通的工作中,给客人带来宾至如归的感觉,这种服务态度值得现代服务业研究和学习。

唱春

过去,一到过年,街上总会传来"咚咚锵、咚咚锵"的铜锣敲击声。循声望去,原来有一个人或两个人肩背褡裢,手里拿着龙凤板或者一面小铜锣,到店家或住户门口,一边敲一边唱,这就是过去的一种职业,叫"唱春"。

唱春

唱春是一种地方民俗，更是常武地区春节期间的一大特色。人们都企盼着这些唱春佬新春伊始为自己唱上一曲新春调来恭喜恭喜。这个习俗从明清以来就在这座古城中流行。旧时的唱春佬十分讲究两样道具：一个是唱春的铜锣，它说大不大，说小不小，正好重两斤，寓意南北两京（京城）；另一样道具是敲板（龙凤板），它长13寸，以示当时的13个布政使司。这些上点档次的唱春佬都是念过点书的，他们一路敲敲打打，从乡下一直敲到城里，走街串巷，挨家挨户去唱，不但营造了春节欢乐祥和的气氛，还利用节日赚点零钱和食品。唱春的唱词非常有意思，一般七字一句，朗朗上口，押韵动听，开头的每一句都离不开"新"字或者

"春"字。当然老式的唱春也少不了《十二月花名》《孟姜女小调》《白蛇传》等曲目。唱春佬一般过年出来,唱到正月半就回去了。唱春佬是送吉利、唱口彩(说好话)的民间说唱艺人。

有一种唱春佬特别聪颖,他们能见什么人唱什么词,能唱到主家心花怒放。他们还能根据眼前事物即兴编唱,如当唱春佬来到主人家时,家里人正在请客吃饭,唱春佬便会唱道:"诸位君子好海量,满面春风坐华堂。谈古论今仗侠义,解囊济贫留世芳。"主人家听了心里舒畅,会即刻给赏钱。唱春佬又谢唱道:"多谢主人赠银两,敬积福禄寿无疆。新春添喜好事多,还要出个状元郎!"唱春佬还有一个规矩,主人家给钱时,从不直接用手接钱,否则会被人看作叫花子,他们只能用春锣翻转来当作盘子去接钱,然后放进前面的褡裢。有些人家或店家故意将赏钱放在台上或算盘上,甚至丢在地上,以考验唱春佬的接钱技巧,但唱春佬有办法:用春板挑钱,使铜钱顺当地落入春锣中。

常州曾有许多留下名气的唱春佬:东门采菱乡的许小大,青龙乡的高登堡,南门木匠街的朱任洪,北门通络桥的金玉麟,武进乡下的邹兆松,小河乡的陈盼海,嘉泽乡的钱毅、钱金宝,孝都乡的赵仁宝等。唱春佬如此广泛的分布说明唱春不仅是一种民间曲艺,而且是一种地方民俗,它根植于这方土地,传播人间的真善美。但是这种生长于常武地区的民间艺术,现已到了濒临消失的境地了。

敲梆

笔者小时候,曾读到一副有趣的对联,上联为"常熟县年年报荒",下联是"太平府夜夜看更",于是对"看更"两字就有印象了,后来一天夜晚见到一回衣衫破旧的看更人边走边敲着梆子,那"笃笃笃"的梆子声给笔者的印象十分深刻。

敲梆佬,用现代人说法是"沿街喊叫的保安"。敲梆佬有着不变的更夫谣:"火烛小心,夜夜当心,水缸挑挑满,灶膛出出清;听到咯噜声,当心贼进门,防贼最要紧,前门关关好,后门撑撑紧!"到了年底,家家户户做馒头团子,灶膛里未燃尽的木炭容易引起火灾,这时小偷毛贼也想捞一笔,因此敲梆佬就显得尤为重要。

旧时,一夜分成五更。敲梆佬每两个小时就沿街巡夜一次,边敲梆子,边提醒大家"火烛小心,夜夜当心","防贼要防紧,夜夜要当心"。敲梆佬的梆子声,使人们提高了防范意识。敲梆佬日复一日,年复一年,用梆子声保一方平安。"笃笃笃"的梆子声,会告知住户时辰,也能吓走一些小偷小摸之徒。敲梆佬是没有固定收入的,只是逢年过节,商会或住户会

敲梆佬

给些糕团点心之类的年货以示奖励,当然商会也会酌情给些赏钱来感谢。虽然报酬十分低微,但这并未降低敲梆佬的责任感。

敲梆佬就是"更夫",这个职业的历史十分悠久。原来钟鼓楼设在城市中心的崇法寺内,就是由更夫敲击钟鼓向大家报时的。后来到了民国初年,在市中心的北大街大庙弄口还专门建造了一座钟楼,但是这个楼上的钟是自鸣钟,只要上足发条,它就会在一定时间内自行按时敲响,所以城市中心的更夫也就被自鸣钟取代了。然而,在城市的其他大街小巷,更夫还是有一席之地的。

除了报时,更夫还有另一项任务。清末民初,地方上有一种为官府办差事的人叫作"地保",地区里有什么突发事件或民事纠纷、刑事案件之类,他要负责向官府报告。地保联系手

接生婆

下的更夫,所以更夫就起到了为地保收集信息的作用。后来没有地保了,更夫也消失了,夜半的敲梆声只能成为人们茶余饭后的谈资了。

接生

在旧社会,适合中老年妇女做的行当不是太多,一般有送娘婆、接生婆、哭丧婆等,这些行当中最受人尊重的就是接生婆。接生婆就是产婆,民间也称稳婆,她们会在东门前挂一块"某某收洗"的木牌,或者写上"轻车快马"以示随请随到、上门接生。

过去妇女分娩一般是在家完成的。妇女生孩子大都请接生婆上门接生,因为当时人们对医学卫生知识知之甚少,医疗卫生条件也十分有限。接生婆的接生术世代相传,她们自有一

套经验。由于接生婆几乎每天都要接生,所以,操作也熟练。新中国成立后,城市里的人们慢慢习惯进入医院的产房生孩子,但农村还盛行请接生婆上门接生。

接生婆和送娘婆、哭丧婆不一样。送娘婆又叫喜婆,是陪同新娘子参加婚礼的,不但口齿伶俐、能说会道,还谙熟人情世故,是俗语中"眉毛眼睛会说话"的那种人。送娘婆自有一套又一套的办法,保证能在欢笑声、祝福声中将婚礼办到位。哭丧婆却完全不一样,是替人哭丧,用眼泪来赚钱的辛酸行业。哭丧婆用哭腔来与吊唁的人们交流,以示孝心。哭丧婆会随时掩面而泣,见什么人哭什么调。有时放开喉咙号哭,有时又边哭边诉说死者的德行。而接生婆的责任是最大的,一般在接生前,会和主家当家人说清楚接生费用和接生风险。在当时没有好的医疗条件的情况下,主家也只能任接生婆自行操作,能否平安生产也要看运气了,万一发生事故,主家也只能自认倒霉。

新中国成立后,医疗卫生条件逐步改善,直到农村有了赤脚医生,接生婆才在农村退出历史舞台。

摇铃

摇铃这一行当,旧时到处可见。学生上课下课的信号就由看门佬摇铃发出。倒垃圾佬来收垃圾时也摇铃,只要听到他们的铃声,家家户户就将存在家里的垃圾拿出来倒入垃圾车里。搭乘班船时,开船前就有摇铃佬在码头上边摇铃边喊:"开船啦!开船啦!"还有好多社会活动、集体活动也都要摇铃,以示活动即将开始,所以摇铃有提醒警示的作用。

还是来说说笔者小时候学校的摇铃趣事吧。说老实话,笔者是在摇铃声的陪伴下读完六年小学的,所以觉得摇铃声既亲切,又讨厌。笔者的小学是青山小学,以前叫存仁堂小学,从清末起就是公办的学堂,规模不算大但也不小。学校大门在下街的黄泥坝头,后门却在大圩沟的天地坛里。上课前摇铃佬摇着铃从大门走到后门,下课时再从后门摇到大门。笔者的教室靠近大门,因此下课的时候,听到铃的时间总要比其他班级同学晚好几分钟。有一次听到外面有铃声,笔者就喊"起立",老师莫名其妙地问:"为什么喊'起立'?"笔者回答:"下课了,铃声响了。"老师说:"那是收垃圾的铃声,和我们学校的铃声不一样。"为此笔者被老师狠狠地批评了一顿,还被撤掉了班干部的职务。笔者弄不懂为什么铃声会不一样,于是就仔细端详摇铃,原来学校的摇铃是黄铜做的,而收垃圾的摇铃是紫铜做的,学校的摇铃声音脆、传得远。

摇铃

拉纤

背纤,又称拉纤。常州地区河流多,有大河(运河)、小河(塘河)、关河(城河)、市河(内河),城市水运交通很发达。旧时,铁路、公路发展还较缓慢,所以水路运输尤为重要。

河上运输靠船,而船的行驶就离不开纤夫了。撑船是个苦差,所以在民间有个说法:"若论苦,撑船、打铁、磨豆腐。"撑船佬要经受日晒雨淋、寒冬酷暑,但最苦的莫过于背纤佬,他们付出的辛苦无处诉说。

旧时的班船、快船都是木船,靠风帆、拉纤、撑篙、摇橹来前行。航行时,一般是撑篙佬在船舷两边用力撑,但是在枯水季节,河水少,就只能靠人力来拉纤。拉纤佬在河道的两边

拉纤

一步一低头,艰难行进。背上的那根纤绳似乎有千斤重,而他们拉着纤每小时只能移动几里路。拉纤佬们每天从东方发白干到日落西山,常年没有一天休息,十分艰辛。

笔者小时候,从殷家弄内的班船码头(俗称"猪行头")到北乡的爷爷家,都要在这里乘船。班船有货班、客班、客货混装之分。货班船主要为城乡商号店家托运货物,类似于现在的物流快递;客货混装船为双日班,并于夜间开航,商旅须在半夜上船,天亮刚好进城,黄昏或半夜返回。后来出现的快船只载客,不装货,当天往返,也应邮政要求搭班,暂时成为信船。笔者见过最苦的拉纤佬是拉河中木排的,那可是要从遥远的江西一直拉到常州的西门河道,再进入关河。据说这些拉纤佬都是旧时北方的流民,他们流落到异乡又没有技能,只能靠卖苦力生存。

拉纤佬拉纤时，如果碰到前方有河道交叉，他们只能先上船，过了交叉口再上岸，继续沿岸拉纤。在城镇的河边上，如今还留有纤道的印迹，在常州城中的中新桥边还留有一段近百米的古纤道，如今它已成为文物。

旧时的拉纤佬一般活跃在西圈门和北大门两地。西圈门是豆米集散地，船户多，船老大招的拉纤佬也多。船老大一般只管拉纤佬吃饭，到年终看行情发几个铜板、银圆。有意思的是，给拉纤佬介绍活计的一般是打铁佬，因为船户经常要去铁匠铺打竹篙的铁钩，所以打铁佬就能知道船户对拉纤佬的需求，就可以为他们介绍活计了。

斩肉

斩肉佬其实就是卖肉人，为何不叫卖肉佬呢？因为旧时民间称妓女为"卖肉佬"，所以卖肉人将自己称为斩肉佬。老百姓也愿意将卖肉人称为斩肉佬，因为旧时卖肉人经常会克扣斤两、欺负老实人，这被称为"斩人一刀"，所以斩肉佬的"斩"字就带有一定的贬义。

过去没有专门的菜市场，卖菜买菜一般都是随机地以街头巷尾为市场。斩肉佬也就以摆摊为主。晴天还好，一到下雨天，他们就要寄人篱下了。常武地区的斩肉佬一般都是卖猪肉的，而杀猪佬和斩肉佬不同，前者只管杀猪，后者只管卖肉，后者是从前者手里去买肉回来再零售。有时斩肉佬生意好，赚得比杀猪佬多得多；有时斩肉佬生意不好，就要赔本。所以杀猪佬稳赚，斩肉佬的生意却是有风险的。

传统的斩肉佬其实还是很辛苦的，一大清早天还未亮就要在街市上占一席之地，摆出肉墩头，摆好收来的整猪，然后将前腿、五花、后腿等不同部位分类摆放，不同部位的肉卖不同的价格。斩肉佬大都有一套真功夫，能够稳、准、狠地手起刀落，将客人要的斤两丝毫不差地切下。他们还有一套剔骨的本事，能将猪身上的琵琶骨剔得干干净净，不管是剔大骨头还是剔小排骨都用同一把刀。

对于斩肉佬来说，一把锋利的斩肉刀很重要。斩肉刀像斧头一样，要有重量，能够穿透一般的骨头，一刀下去，要干净利索。举刀时，眼睛瞄准位置，算好大小斤两，睁大眼，抿紧嘴，一刀下去，不拖泥带水。在行业内，手握斧头在砧板上剁肉叫斩肉；手握薄刀，分门别类地切肉、挑肉、割肉、分肉等叫切肉。

与斩肉佬关系密切的肉行以批发为主，平时卖鲜肉，年底就收猪肉卖冷肉。斩肉佬和收

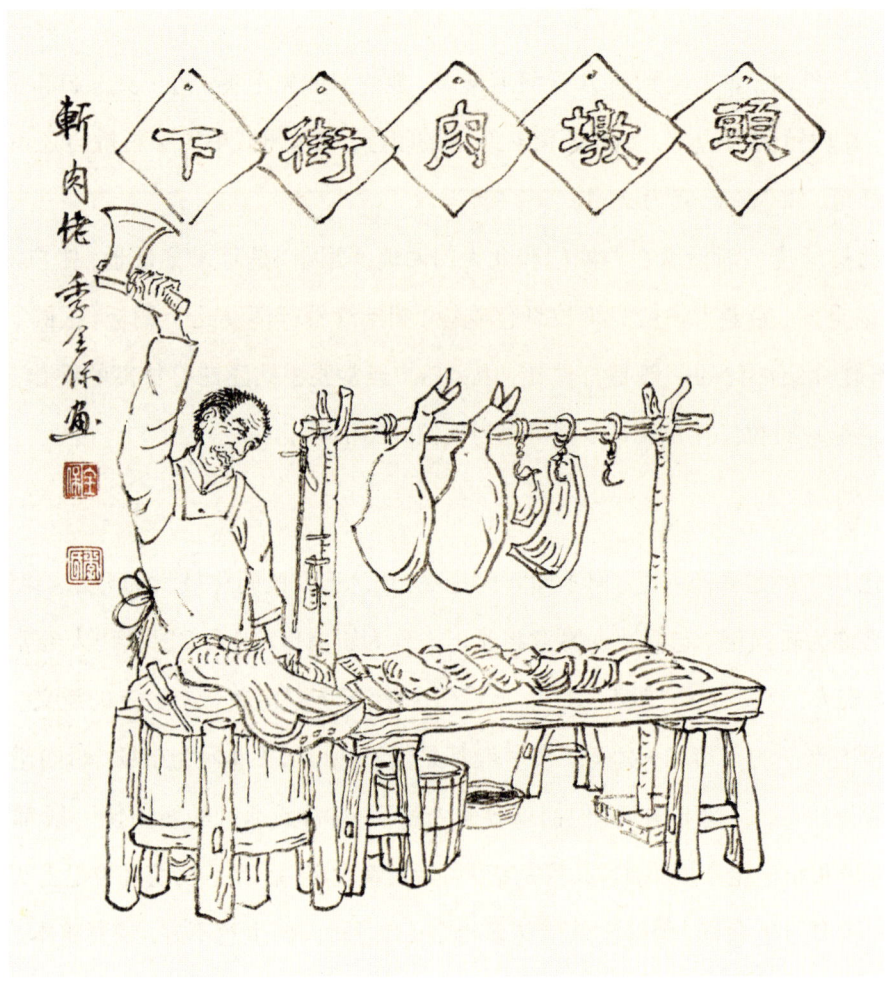

斩肉佬

肉佬在一起,将肉行里多余的肉收下来,制成腊肉或者腊肠等腊制品,慢慢卖。

卖菜

卖菜佬干的是苦差事。一种卖菜佬是"串"了菜来卖,"串"就是批发,低价进菜,有点利润就卖出去,一般整担批进,零星卖出。这属于小本生意,卖得好,赚点小钱;卖得不好,碰到有的菜蔫了卖不掉,只能自认倒霉。另一种卖菜佬是自产自销,自家地里种的各种时令菜,自己吃不掉,挑到市场上卖掉,赚点油米钱。

卖菜佬要起早,挑一副苗篮或者背一只筒篮,里面装上各种新鲜蔬菜,要么沿街叫卖,要么在人多的市场上卖,哪里好卖就去哪里。以前,笔者家临街门口总有人来摆摊卖菜,母

第七章 老行当

卖菜佬

亲为人善良,不但让他们摆,还帮助吃喝。有时生意好,卖菜佬们卖掉一担回去再挑一担来卖。这些卖菜佬住在北门外的坛街、蔡家村、周家巷,离得都不远。我母亲买青菜,一般不在上市时买,而是在落市时买。沾着露水的新鲜菜,刚上市,就贵。落市菜则可廉价买一堆,因为那时卖菜佬只求快点卖掉,否则菜蔫了就没人要了。

现在,时过境迁,卖菜佬都是外埠来的新市民,我们吃的青菜也大都是从外地运来的反季节蔬菜。我们周边的菜田没有了,坛街变成了坛园新村,周家巷变成了现代的新小区,原来的卖菜佬也华丽转身为老板,如今街上已经见不到挑担的卖菜佬了。

黄包车

拉黄包车

黄包车过去曾是城市客运的主要工具，又称人力车，是在十九世纪下半叶由日本传入我国的，故称东洋车或洋车，因其车篷被涂成黄色，故称黄包车。

民国初年，黄包车风靡京津沪等大城市。常州最早兴办的人力车公司合兴赁代所于1918年开始营业，共有48辆车。人们出行办事、探亲访友、出诊救急，坐黄包车比坐独轮车舒服而且快捷，因此黄包车大受欢迎。到了1928年，常州城区黄包车已达数百辆。虽经限制，但从业人员与日俱增，到1937年，有车夫2000余人，形成了一支庞大的车夫队伍。

这些黄包车夫大都来自高邮、兴化等地区，集居于城中荷花池、大园地、北雉头、雷祖庙、西域脚等地河滩边的棚户里。他们一般租借车行里的车子，租车必须有两三人做担保，并与公司签约租用。租车的形式有日租、包租、押租等。每位坐客可按当时设定的市价支付，但多数是面议价格后才上路的。为了自身利益，防止受人欺侮，黄包车夫都自发联络同乡组成帮派，如盐阜帮、淮扬帮等。

黄包车在当时的年代里，奔跑于川流不息的人群中，满足了往来商旅的出行需求。那些有钱的大户人家，为了体现自身身份，都备有黄包车，以便外出时乘坐。这样的黄包车车身宽、颀长；座椅上是雪白的竹布，再用毛巾填衬；车身漆黑锃亮，一尘不染；车篷被涂成黄色，能遮风挡雨；脚下还有花毯子；在车篷边插有一把美丽的鸡毛掸帚，车跑的时候鸡毛掸帚随风飘拂。车夫拉着黄包车一路小跑，到人挤的路段，坐车人脚踏铜铃或者车夫手捏喇叭发出嘎咕嘎咕声，叫路人让行，场面十分气派。

随着时光的流逝，黄包车也消失在历史的长河中。如今，它的身影出现在博物馆和民俗馆的展厅里，供人们了解和欣赏。

挑货郎担

现代人想买日用品，只要到超市去一趟，样样能买到。可是过去人们想要买点日用品和土杂品，只有两个途径：一是上街到土杂品店去采购，但土杂品店的货物门类不一定能满足百姓的要求，所以只能走了这家再去那家；二是足不出户等货郎送货上门，想要什么就买什么，即使一次没有买到满意的日用品或土杂品，只要关照货郎一声，下次来时一定会给送上门，而且价格比店里要便宜得多。因此，货郎担是城乡百姓十分需要的。特别在穷乡僻壤，周边很少有店家，买东西非常不便，货郎担就更受欢迎了。

货郎担装满五花八门的土杂货，由货郎挑着沿街叫卖，叫卖的形式也不尽相同。有的手握铜铃，有的手举手鼓，有的拿拨浪鼓，发出"丁零丁零""咚咚咚"和"拨浪拨浪"的声响，以此招徕顾客。

那么货郎担一般卖点什么呢？其实样样东西都有。有儿童学习用的铅笔、橡皮、本子，有小朋友爱吃的水果糖、牛皮糖、粽子糖，有女孩子喜欢的牛皮筋、红头绳、发夹、手绢、毛巾，有家庭主妇所需的鞋底线、鞋垫、鞋面、针线、洋线、钮头、剪刀、镜子、蛤蜊油、万金油、香油、牙粉、木梳，还有家里少不了要用的碗筷、灯盏、板刷、鸡毛掸帚、蒸架、扇子等。货郎担就是一家移动的百货商店，家庭主妇想买的家用杂货基本都能从这里买到，还可讨价还价。

精明的货郎还会到乡村的集市上去赶节场。赶一次节场，如果卖得好的话，收入要抵上

货郎担

平日的好几倍。要做好货郎,人要老实、勤快,更要讲信用,还要货真价实。做一个好货郎虽然辛苦些,日子过得会比其他手艺人好得多。笔者过去总听父亲说某某货郎如今已变成南大街的大老板了,由此可见人只要肯吃苦,总会有出头之日的。

郎中

古城常州的中医起源很早,清代孟河医派崛起,名医辈出,誉满杏林。旧时常州的老百姓看病一般都以中医门诊为主,也有请郎中(医生)上门出诊的。郎中看病诊断后,开出方子,病人自行去药房撮药。郎中又可分为江湖郎中和走方郎中,前者以骗术为手段,后者以医术为饭碗。

旧时老百姓有了毛病都相信私人诊所或郎中,有钱人会请郎中上门看病。

郎中

长年医局、寿安医局等公益医疗机构,常年聘请有名望的郎中坐诊,是为百姓开办的施诊给药机构。凡是病人上门治疗只需交三到五个铜板的挂号费就可以了,领药是免费的。当时医局特邀常州杏林中的名医来此坐诊,被聘的郎中都有一种责任感和使命感,他们不收分文聘金,都是义务施诊。根据《武阳合志》载,先后受聘到长年医局坐诊的名医师有内科医师屠士初、陆寿全、须次先、金惠生、金志仁、余伯初、屠博渊、朱履安、巢铭山、邹端甫、谢景安、沈闻痒、屠贡先等,外科医师吴近安、万让之、万仲衡、马伯藩、杨伯良、孔祥熊等,幼儿科医师钱祝唐、钱同增、钱同高、钱同琪等,妇科医师沈伯藩、汤八房等,伤科医师朱普生等,针灸科医师程培莲等。

为什么常州一个小小的城市有这么多中医诊所,并且名医层出不穷?主要原因是受孟河医派的直接影响,马培之、费伯雄、丁甘仁等名医桃李满天下,西夏墅、恽铁樵名重杏林,常

捐客

州名医名家遍及城乡,名扬四方。

民国时期,有些郎中既为老百姓坐诊看病,还鬻书卖画,可谓多才多艺。比如许子平、戴元俊等在上门看病诊断的同时,还能当场卖字画,能够随点随写、立等可取。还有的郎中边开中药房,边坐诊看病,从璜土来城里开青山药店的黄济民,就是边开药房边坐诊。当时这种兼职的情况很多,可想而知,当时郎中的日子也不太好过,要身兼数职才能稍微宽裕。

捐客

说到捐客,大家肯定会想到现代词语"黄牛"。"捐客"和"黄牛"的确有相似之处,一个是靠倒进倒出赚取差价,一个是捐进捐出从中谋利,不过说到底"捐客"和"黄牛"相比较而言，前者的层次要高得多。

　　旧时的掮客，又称"掮皮箱"。掮客有软硬之分，软掮客是做字画古董、翡翠玉器等细软生意的，硬掮客是做红木杂件之类生意的。当掮客知道某处有一些古董字画、黄金细软的信息后，会大致讲定价格，然后再去找下家。当找到下家后，掮客会将这批货物说得天花乱坠，用语言打动买家，但不透露卖家的任何信息，怕"漏水"（买卖双方单线联系）。有的精明买家一定要见货论价，那么掮客就碰到了对手。这对于掮客来说是非常棘手的，但也有一半成交的希望。此时掮客会安排卖家和买家见面，见面前约定好如果交易成功，卖家要付百分之五的辛苦介绍费，因此掮客会站在卖家这边说话，争取多提价。如果精明的卖家不守信用，那么掮客会帮买家说话，反正谁给利就为谁做"掮皮箱"。当然还有一种非常精明的掮客，他会找代理人想方设法谈价。在谈价过程中使用"切口"，旁人听了云里雾里，只有掮客与代理人能听懂。为了使所谈价格不为外人所知，就将数字"一、二、三、四、五、六、七、八、九、十"说成"留、月、旺、拾、中、神、仙、张、爱、台"。表达一至十的数字还可说成"因立、壬里、申兰、沙地、温如、冷笃、亲立、奔辣、紧留、仁勤"。这些行话就像天书一样，旁人是永远听不懂的，所以掮客做生意也是要学习"外语"的。业内有句行话叫作"三年不开张，开张吃三年"。平时这些掮客都在混堂、茶馆等场所寻找商机。一般大路的掮客还会去盘些落市货，弄到其他地区卖，赚点差价。精明的掮客发财做了老板，赔钱破产的掮客也比比皆是。

摆渡

　　江南古城是水城，有水即成河，有河必造桥。但是古城水多，造桥不易，要使四通八达的路能连接起来，唯一能代替桥梁的就是船。常州人也称"摆渡"作"渡船"，而专事摆渡的人被称作"摆渡佬"。

　　据清代《常州城厢坊字号全图》载，清朝末年常州有大小渡口40多处。武进县署和城隍庙前有官摆渡，后来建起了渡人桥。旧时的摆渡码头很多，有私摆渡、官摆渡。还有很多渡口，有名的白云古渡就在唐家湾与白云尖交汇处，这里的渡船从北唐家湾摆渡到南唐家湾的后北岸。觅渡桥处的渡口，也很有名，摆渡路线是从北向的庙沿河到南向的织机坊，这里摆渡佬免费为往返客人日夜摆渡。这些都是城内的小渡口，而城外由于河面宽、渡船少、乘客拥挤不堪。从西仓桥到西直街中段（锁桥湾）去，必定要在南运桥石龙嘴处乘渡船过河。另外，在东门平桥外的白家桥段，最大的码头就在大成二厂和大成三厂之间，那可是东门城外

摆渡佬

最热闹的码头。二十世纪七十年代初,每天从两岸赶来上班的人极多,每天总有三到四只船来回摆渡,到上下班时还不够用。当时摆渡船经常会出事故,乘客也常有落水的,因此摆渡佬水性要好,在摆渡船上也会放上一两只轮胎供救生用。如果不在大成二厂和三厂间摆渡,过河而绕行,要向东转白家桥,或向西绕东仓桥(东仓桥在二十世纪六十年代倒掉,后来造的是东方红大桥),那就得多走好几里路,所以在此摆渡过河最方便。

在文亨桥畔有个大码头,是运河上最大的码头,连着朝京门内的繁华地带,迎送南来北往的商家。此地以当铺云集而著称,漕运船舶相对集中。后来在朝京门外的大码头建立了轮埠码头,新中国成立后又变成轮船码头,这里是连接城乡的门户。这个非同寻常的大码头,是《红楼梦》中贾宝玉经过常州出走的地方,可见当年高鹗应该来过毗陵驿,在大码头上坐过

拉大车

渡船。

古城常州渡口为百姓做出了极大的贡献,特别是那些摆渡佬终年日晒雨淋,其艰辛可想而知。许多人曾经特别喜欢去渡口,花上一分钱,渡一个来回,遗憾的是这种情景如今再难见到,只能深深地印在脑海里了。

拉大车

拉大车,本地人称为"拉塌车"。为什么大车叫"塌车"呢?是因为拉车的人邋遢呢,还是因为大车低矮塌在地上走呢?谁也说不清。

车夫非常辛苦,衣服破旧,用肩头牵住背带,奔走在大街小巷,只要有活计,什么都可以拉。有一首打油诗记录了拉大车佬的艰辛:"人力拉车似马牛,两轮两腿前后扭。拉煤运货管

装卸，一生艰辛日难过。"

大车也称为排子车，民国之前是木轮的，后来橡胶普及了，大车的轮也用橡胶的了。拉大车的人被称为车夫。车夫一般受供于店家、仓库或码头。民国后期拉大车的一般是为米栈和豆栈，还有西仓和东仓粮库服务。再后来拉大车的业务扩展到纺织厂、机器厂、煤场。新中国成立后，拉大车佬遍及城乡各个领域，拉大车的人员和原来的挑夫、脚夫、轿夫等全部纳入运输公司、搬运公司，他们才翻身做了主人，成了交通运输行业中的主力军。

笔者上小学三年级时，刚好是全国开始学习雷锋的时候，学校就组织同学到街上去推塌车，只要见到拉煤的、拉麻袋的上桥，同学们都会帮助他们推过桥。从此同学们就养成了碰到塌车上桥推一把的习惯，用时髦的话说，咱们个个都是活雷锋。

现在再也见不到有人拉着塌车、板车在马路上走了，1980年后出生的人大多也不知塌车为何物，拉大车、拉塌车的景象也只能留存在人们脑海中了。

换碗

这里说的换碗指的是浙江绍兴人用碗盏来换取燃烧过后的锡箔纸锭的灰。

旧社会留下了许多旧的习俗。有的人家有专门供奉大仙的龛子，每到初一、十五，就会点上香烛，点燃锡箔银锭，供奉大仙。有的节日还会燃烧锡箔银锭祭祀祖先。于是家里积累的纸锭灰越来越多，人们从不舍得倒掉，总要等到戴着乌毡帽、挑着担头的绍兴人来收灰。收灰不用钞票，而是根据银锭灰的成色和分量，换上几只碗。一般情况下，一面盆锡箔灰可以换两只碗，一大一小，大的是饭碗，小的是供碗。

笔者小时候经常看到母亲在家里或者家门口烧锡箔，清明、七月半、冬至，还有每月初一、十五都要烧，观音菩萨、土地菩萨的生日等也要烧，一年到头保留下来的银锭灰可以换好几只碗。记得有一次，因为没有脚炉烘火，笔者就倒掉了面盆里的灰用木炭烤火，被母亲发现后，被骂得狗血淋头。

换碗佬一般是绍兴人，即使他们不开口，从他们戴的乌毡帽上也可以看出来。他们游荡在弄头巷尾，不时喊着"锡箔灰——换碗""收锡箔灰哦……"听到这特有的喊声，家庭主妇们就拿出簸箕，或者拿出破面盆，里面装的都是锡箔灰。换碗佬会拿出一根小圆棍，在灰堆里翻翻看是否全是锡箔灰。如果成色好，就会多给一只、两只碗进行交换。人们也不知道这些换碗佬拿锡箔灰做什么，但他们的勤劳和家庭主妇们勤俭持家的精神永远值

第七章 老行当

换碗佬

得后人学习。

脚夫

旧时脚夫、挑夫、轿夫、马夫、差夫、伙夫、纤夫等都是穷人,是处在社会最下层、最辛苦的人群。

脚夫靠一根扛棒、一副箩筐和一根绳子,或者一条搭肩布,为人卖力气,得到的是微薄的报酬,民间也称他们为"挑担佬""挑箩佬"。

在常武地区,脚夫的历史很悠久。随着商业的兴起,运输、搬运的需求增加了,脚夫应运而生。到了清代的同治年间,常州商业中的豆业、米业、木业已经相当发达,堆栈、米行、油坊、纺织坊、染坊、机器厂日益兴旺,这些行业对装卸、搬运的挑箩业的需求越来越大。当时的脚夫

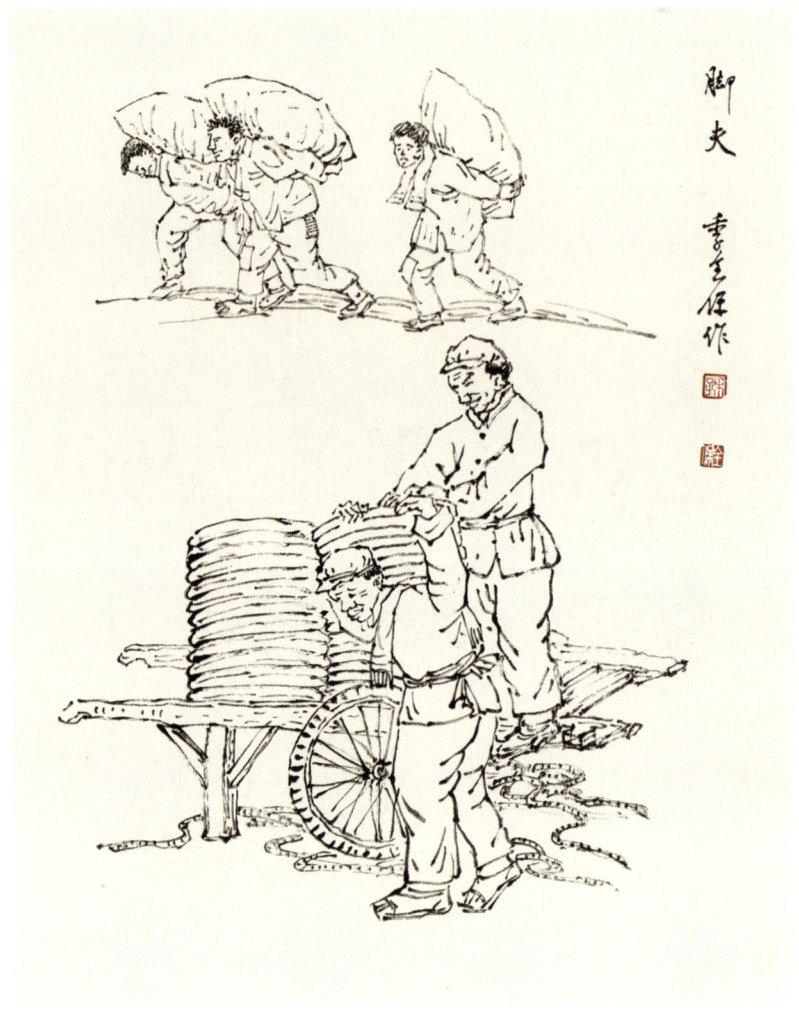

脚夫

已经形成了行业和地段的分工，西门的脚夫主要为豆米业服务，南门的脚夫主要为木业、纺织业服务，东门的脚夫为纺织、印染业服务，而北门的脚夫为木业和其他行业服务。

到了民国年间，已成立不同行业的脚夫同业工会，分成了挑糠业、扛煤业、挑换业、挑箩业、堆栈业、纱货业等十余家，分工也很细，原有的车夫、轿夫、扛夫，都转入同业工会。队伍扩大了，搬运方式还是以挑扛、驮掮和拉车为主，车具有人力车、排子车、架子车、大塌车等。这些脚夫不识字，肯吃苦，一般只要求填饱肚子。

脚夫为了能保持这一生计的稳定性，除了结成地方帮派，还会按行业的特点把牢货源，唯恐外乡人争抢这个"苦饭碗"。帮派的帮主和同业工会表面上维护脚夫的利益，其实还要

推槎子

伙同商家对他们进行双重盘剥。脚夫还要担任工会的"水龙工",也就是义务消防员,他们力气大,反应快,为社会做了一些公益。

新中国成立后,脚夫都进了搬运公司或者装卸队,成为工人,这才有了真正幸福稳定的生活。

推槎子

槎子,又名独轮车、羊头车,常武地区称之为"槎子"。推槎子的就是推槎子佬,在民国初年,槎子是主要的运输工具。

旧时在常武地区,如果要合法推槎子需要领执照。据史料记载,1918年武进县为了统一

管理独轮车,成立了专门机构负责执照发放。

小槎子必须用坚硬的木材制作,其中的件全部用榫卯连接,不用一根钉子,载重在500斤左右。独轮车的前端有一个小轮,小轮可装可卸,能帮助小槎子在运输过程中通过沟坎。车子后面有一对长柄,柄上有搭肩带,可帮助稳住重心和分散手的承受力。车轮是用木料做的,外面以铁条包箍,这样既能防磨损,又能减少摩擦。槎子不但可以运送货物,更能承载4个大人和2个小孩,用处非常大。

过去,农村的运输全靠槎子,城市的运输也少不了它的功劳。用独轮车运物,经济实惠。独轮车的碾压,在土路上会留下辙痕,对路石板会造成破坏,还会发出咯吱咯吱的响声,影响人们的正常生活。武进县曾下令限制独轮车的发展,从1918年起,要签发执照才能上路行驶,当时核发了近4000张执照。

槎子的用途很广,运送货物、卖粮卖柴、卖猪卖羊、走访亲友等都少不了它。

大概到了1953年,常州城里的槎子被塌车、平板车取代,从此推槎子佬也退出了历史舞台。

咚咚担

咚咚担是什么玩意儿?咚咚担是做什么的?咚咚担对于现在的年轻人来说是陌生的,其实咚咚担是常武地区的人对卖布佬的别称。因为卖布佬都身背一个大包袱,里面装了各种布,他们会走街串巷、走村入户地售卖,行走时手握长柄拨浪鼓,边走边发出咚咚的声音,"咚咚担"也就以此得名。

常武地区是鱼米之乡,棉纺织土布业也十分发达。清代已出现众多布店,出售的布匹有土布、夏布、洋布之分。土布就是农家木织机织出的,经过染坊加工而成的色布或者蓝印花布,适合城乡平民。

卖布佬就是流动的摊点,他们十分不容易,除了下雨下雪天,每天要背着六七十斤重的大包袱,里面装了各种白布、色布、竹布、花布、直纹布、斜纹布、直贡布,还有乌绒布等布料,在各个村坊流动。只要有人招呼他就进屋,然后引来婆婶姑嫂各选其需,经过讨价还价,最终成交。背着咚咚担的卖布佬也有风险,弄不好就会亏老本,一个人在穷乡僻壤做生意,碰到强盗打劫,或者谋财害命也是有可能的。

自从国家自1954年起实行布匹凭票定量供应,常州的咚咚担就越来越少了,到了

第七章 老行当

卖布佬

二十世纪六十年代,卖布佬几乎见不到了,那种咚咚的拨浪鼓声,也成了人们对乡音和乡情的回忆。

磨豆腐

俗话说:"若论苦,撑船、打铁、磨豆腐。"意思是撑船最苦,其次是打铁,接下来就是磨豆腐。

早年笔者家对门有一个黄记豆腐店,店主祖辈都是做豆腐的。他们的豆腐在大北门下街最有名气,有时早上做出来的豆腐,在早市就卖光了。自古至今,豆腐一直是中国人餐桌上常见的菜肴,常州人吃豆腐不但吃出了营养,还吃出了市井文化。

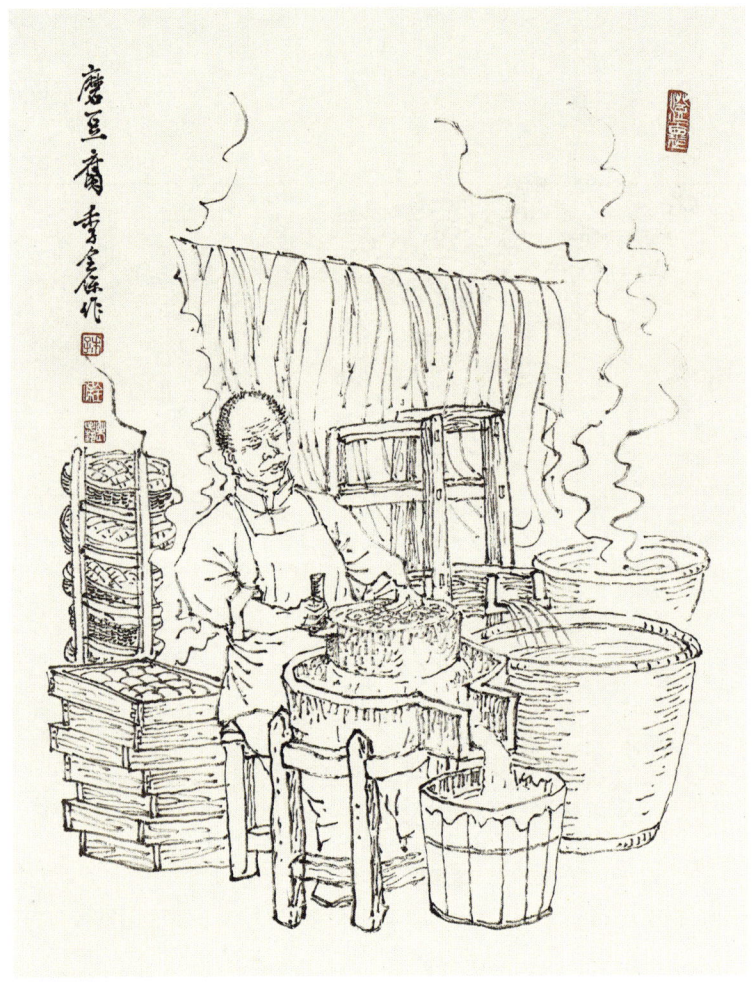

磨豆腐

那时笔者没有事情可做时总会到黄记豆腐店去看看怎样做豆腐,刚开始是一个人去,被赶了出来。后来黄记豆腐店老板的第四个孩子和笔者成了同学,大家就给他起了个绰号叫"黄豆腐",于是笔者借口找"黄豆腐"玩,可以经常去他家观看,有时还能尝到新鲜豆腐干。

黄记豆腐店有一个三开间门面,印象里,店里靠墙摆放了7只缸用来浸泡黄豆。在两只石磨上将浸过的黄豆磨成豆浆,用纱布过滤掉豆渣后,放入锅里煮成熟豆浆,再倒入木桶,加石膏或盐卤点浆,使豆浆凝固,最后用布包裹挤压,就做成了豆腐。他们售卖的品种有老豆腐和豆腐花等。如果将凝固的豆浆用布夹成一层一层的,还可以做成千张,进而做成素鸡等豆制品。

梨膏糖

为什么磨豆腐会成为最苦的行业之一呢?关键是在"磨"字上。过去没有电磨,只能手工磨豆浆,所以也是很辛苦的。试想要把一缸黄豆磨成豆浆,要付出多少心血和汗水!难怪磨豆腐会磨出《双推磨》这样的地方戏来。

卖梨膏糖

旧时江南还有一种糖,其功能主要是止咳,人们称之为梨膏糖。卖梨膏糖的一面唱一面卖,常常会吸引许多人来看热闹。这种以流动说唱来卖梨膏糖的曲艺形式被称为"小热昏"。"小热昏"唱词通俗诙谐,深受民众喜爱。

民国时期,卖梨膏糖的可分为本帮、苏帮、杭帮、沪帮、扬帮等几大帮派,他们各有各的

地盘。背着糖箱流动说唱卖糖的,行内称"武卖",在固定地段设摊头卖糖的称"文卖"。

常州地区"小热昏"以说唱卖糖,一般搭档为两人,一男一女,他们站在板凳上,脸上搽上胭脂,一副滑稽腔调。女的配角手拿一块木板,一边敲一边唱。卖糖的箱子上写有"小热昏"三个字,放在中间。表演"小热昏"的人头脑活络,见什么人唱什么腔,口齿伶俐,唱的内容诙谐风趣,有针砭时弊的,也有针对行业的,还有直接针对观众的,唱得观众主动掏腰包来买糖。卖糖佬在哪个码头就用哪种方言唱,如在上海码头就唱:"药草糖,梨膏糖,吃到肚里驱寒凉,初到贵地借个光,先生小姐侬来尝……"边唱边派发梨膏糖,给观众尝。看着人越来越多,他们继续唱:"诸君各位如不信,送你一块尝一尝。小妹妹吃了我的糖,面孔越长越漂亮,不吃我的梨膏糖,满面雀子长花疮。小弟弟吃了我的糖,长大要当董事长,要是不吃我的糖,长大以后成文盲。各位吃了我的糖,全家老少都安康……"然后,一边唱一边卖糖。

"小热昏"的曲调很简单,翻来覆去就是两个调,唱词很通俗,有时还调侃人,被调侃的也不会生气。表演"小热昏"目的是逗乐全场看客,人气旺了,梨膏糖卖得也多了。

擦背

江南许多地方称浴室为混堂,这种地域性的称呼的确特别。为什么要称"混堂",而不称"浴室""浴池""澡堂"呢?原因就在"混"字上。

翻遍所有资料也没有找到对"混堂"的权威解释,倒是汉语词典上有"混通浑"之说,意为"水不清"。想想倒也是,小时候去混堂洗浴时,下午开汤时水是清澈的,洗到夜里水就浑浊了。下午的清水称为"生水",据说小孩洗了容易伤身体,而夜里的"熟水",就是"浑水",对皮肤不刺激,有益健康。

江南的混堂很多,民国初年的常州就已有龙泉池、二泉池、良园、涤园、洪福泉、通湖泉、启明、丰裕、沂泉等数十家。新中国成立后,有名的混堂有八仙、清泉、复兴、雅泉、同和等,其中要数复兴和八仙最有名气。笔者小时候经常跟父亲去洗浴,一般在通间(普通间)洗。通间里有一条长铺,每人的衣服占一个位置。后来笔者长大了,到了二十世纪六十年代,开始到二等间(好的铺位)洗浴了。混堂里斜靠板塌下是放衣物的,到了冬天厚衣服还会挂到高高的墙上。在下池子前,可以看到在隔断处地上堆满了木履和草拖鞋,推开湿漉漉的帘子就进了浴池。浴池分头池、二池和三池。头池上有木格子,是给人烫脚和蒸汗的,二池、三

擦背佬

池水温相对低一些。混堂里最大的特色就是擦背。擦背有"单擦"和"双擦",就是分坐式和卧式,花钱到位的"下背"(除垢)就多。出池后堂倌就会在浴池门口手拿两块热毛巾帮人擦身。混堂里还有配套服务,如扦脚、捏脚、刮脚、敲背等。如果是来困混堂的,那么堂倌还会帮他到隔壁店里弄碗阳春面或来块大麻糕垫垫饥。

混堂的堂倌是很精明的,如果是熟客,出池后他会主动发热毛巾,如果是生客,热毛巾用多了就会被下逐客令。一天下来,堂倌收到浴客给的香烟数量也是很可观的。

修脚

修脚,也称扦脚。过去在江南城市中有三把扬州的刀:扦脚刀、剃头刀和薄刀。那么为什么会有扦脚这个行业呢?

过去人们大多没有代步工具,行动全靠脚,有许多人由于鞋子不合脚等原因,脚底会

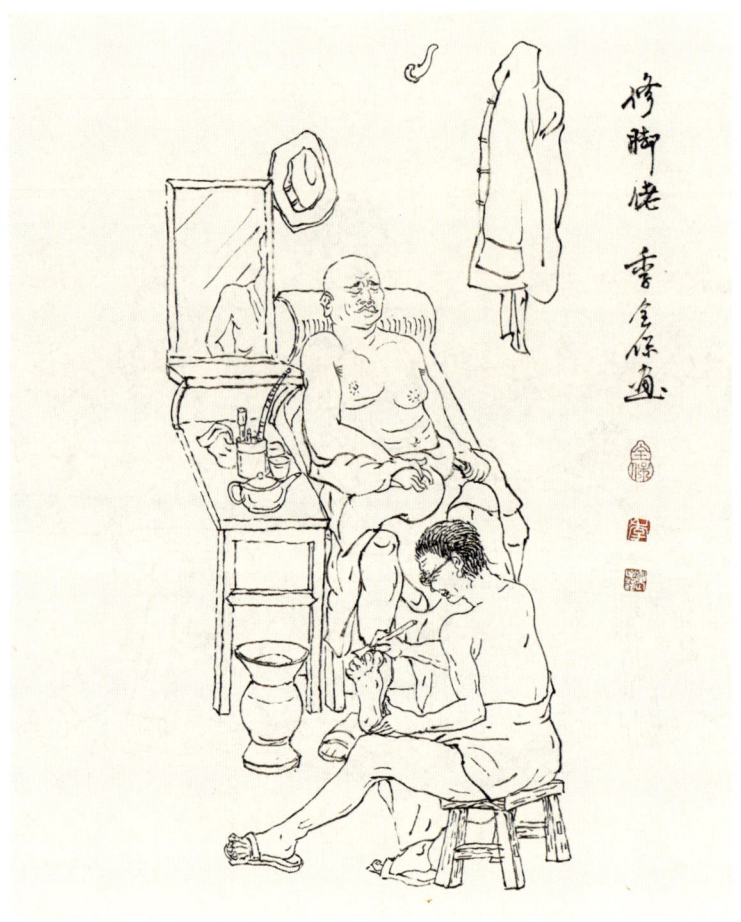

修脚佬

生鸡眼。这种毛病一般只能靠走方郎中或者卖狗皮膏药的暂时处理一下,但总不能断根。不要小看小小的鸡眼,痛起来人就不能走。俗话说"鸡眼不是病,痛起来真要命",的确如此。笔者母亲平时做事雷厉风行,可是偏偏脚底生了个鸡眼,经常会找茶馆店旁边的挖鸡眼佬去挖掉。刚挖掉鸡眼时大步流星,可是过了一段时间,隐患又发作了,走起路来苦不堪言。后来父亲认识一个八仙浴室的扦脚佬欧阳小毛,他是扬州师傅,请他上门为母亲扦脚。他的一把扦脚刀钢口锋利,将鸡眼周边的皮肉全部挖掉,此后母亲就好了,做起家务来健步如飞。

扦脚师傅虽不是外科医生,但能做好挖鸡眼这样的"外科手术",因而广受欢迎。扦脚这个行当一直延续下来。现在混堂已变成了高档洗浴场所,扦脚佬也以全新的姿态继续为人民服务着。

缝穷佬

缝穷

  早年间,每人每年只能有一丈六尺的布票,所以做新衣服是不容易的。过年时,有的人没有新衣服穿,只能将旧衣服拿到染青店里或者自己在家里用靛蓝料染一下,就算新衣服了。"新三年,旧三年,缝缝补补又三年。"一件衣裳破了补,补了穿,阿哥穿了阿弟穿,实在不能穿了,还要用来做衬鞋底,或者"背硬骨"(做鞋帮),或者扎拖把,真的是物尽其用。

  一般人的衣服破了都有家庭主妇缝补,但是那些单身汉就需要找缝穷佬来缝补了。缝穷佬一般是女人,有的人从年轻一直缝到年老,是真的穷人,而来找缝穷佬缝补衣裳的人也是穷人,所以是穷人帮穷人。一般缝穷佬就提一只篮子,篮子里面放点针线,几块破布头。她们有的沿街叫喊,有的干脆在人多的劳动市场上等生意上门。有时几天也做不到一笔缝穷的

生意,偶尔做成了也收入微薄,买米充饥都不够。笔者家隔壁的刘先生(郎中),有次要出去吃饭,路上不小心袍子被一挑苗篮的卖菜佬扎出一个洞,就只能找缝穷佬应急,补一补。缝穷佬不但补衣裳,也补袜子、手袋、书包等。缝穷佬常空手回家,她们走路又多,有时连自己的鞋也走出了破洞。生活十分贫苦。在民间流传着一段顺口溜:"穷人衣裳旧又破,小洞不补大洞苦。劝君不必心发愁,上街去找缝穷婆。"还有一段顺口溜说得更贴切:"一根衣针细细缝,破洞补得不留痕。缝穷佬把洞来补,可叹穷人太难过。"人们说缝穷佬"缝穷缝穷,越缝越穷""一缝一个洞,不够吃不够用",道出了缝穷佬的辛酸命运。

今天再看缝穷,从中也可看出过去的妇女艰苦奋斗、勤俭持家的美德,这种美德值得现代人学习。

厨子

旧时称厨师为厨子。过去的厨子是没有地位的,不像现在的厨师地位高,收入稳定。厨子可分为红案和白案两种。红案专事烹饪菜肴,有外来帮的和本帮的。红案还分为灶头师傅和墩头师傅两种。灶头师傅只管将墩头师傅配好的菜品进行炒制或者蒸煮炖炸,而墩头师傅则负责前期工作,配什么菜,用什么料,切成丝还是丁,这些都由他来决定和完成。灶头师傅好比操作工,将墩头师傅配好的各种不同的菜品从生的烹制成熟的即可,至于咸淡甜酸各种口味都是有特定章法的。墩头师傅是动脑策划,属于那种创作型和思考型的。为此他们得到的报酬截然不同。如果墩头师傅在饭店里动动脑筋,主辅原材料搭配更合理,不但可为店里节约大量成本,还可为饭店带来可观的收入。就以一盘炒虾仁为例:会动脑筋的墩头师傅在配菜时,用三分之二的虾仁,再用三分之一的茭白丁、蔬菜丁等,上盘时看起来满满的,色彩赏心悦目。如果换了另一个师傅,同样一盘清炒虾仁,用了满满一盘纯虾仁来炒,美观程度不如前者,还增加了成本。

厨子有固定厨子和上门厨子之分。固定厨子是专门在饭店里做饭的,而上门厨子是专为人家的红白喜事上门服务的。旧时,一般家庭婚丧嫁娶的宴席都在家里操办,很少上饭店,这样做一是为了节约,二是气氛热闹随意。请来厨子,首先开出菜单,进行采购,物品到位后就先做隔夜。做隔夜对于厨子来说十分重要,要将第二天的大菜和配菜都准备好,有的炒菜如鱼片、虾仁要上浆,三鲜汤里的肉皮、鱼肚要先发好,鱼圆要先下锅。等到所有准备工作做好了,第二天,只要根据菜单配菜、炒、蒸、煮、炖就好了。厨子在上门之前,首先

厨子

要看场地，如果有的人家地方小，会在门口空地上搭个棚，拉盏灯，弄个火炉，现场操作。摆席也很有趣，有的人家把周围邻居家的桌子、凳、碗都要借来，在张三家摆几桌，李四家再摆几桌，如果实在摆不开，还会摆到院子里，甚至马路上。过去厨子上门办宴席，邻居会家家帮忙、人人动手，从不计较报酬。那时办宴席不但热闹，而且经济实惠。菜品有四冷盆、四热炒、三大菜、两点心，不但好吃，而且好看。上门厨子吃香得很，有人家办宴席，总要提前预约，到了办事那天会派出整个厨子的团队，带上锅、刀、铲、勺、瓢等全套炊具上门服务。等到宴席散去，厨子收拾好炊具，结清报酬或香烟钱（过去也有帮忙不收钱的，只送些烟）就算完事了。

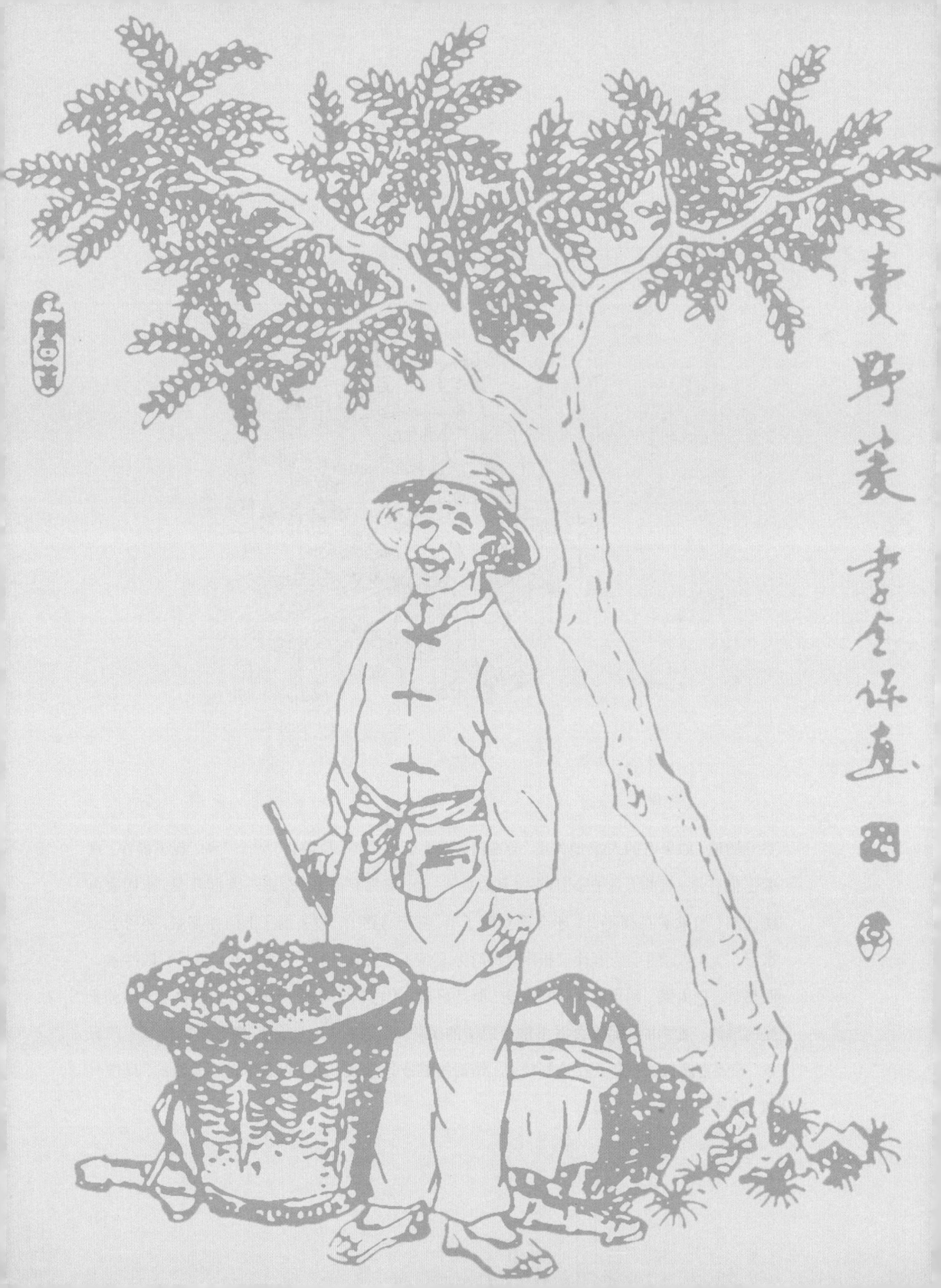

第八章 老味道

麻糕桶

麻糕

在旧时，老常州人的早饭，考究点的一般可分为三种搭配：麻糕搭豆腐汤、米饭饼夹油条、蒸饭包油条加豆浆。这个老三套从清朝末年一直延续到二十世纪八十年代，从未间断过。

清代中期前常州人称麻糕为大饼。据说西汉前我们的先祖就开始将麦粒加工成多种面

食,并统称为饼,火上烤、炉里烘的称"炉饼"或"烧饼"。常州人从明清时期已将烧饼改良,烧饼不但口味形状改变,而且更适合百姓的口感需求。清代末年仁育桥畔仁育茶社的王长生师傅,将一般的小麻糕改成了大麻糕,还大大改良了其制作工艺,不但满足了普通百姓的早餐需求,而且改变了其形状和口味,形成了咸、甜、椒盐等不同口味,形状上也有长、圆、方,特别是口感也更适合大众的需求,具有松、软、酥、脆等特点。

过去常州的大街小巷到处都有麻糕桶,贴麻糕佬天一亮就生炉做坯贴麻糕了。城市的第一缕香味肯定是从麻糕桶里散发出来的,贴麻糕佬几乎和茶馆同时迎接第一拨客人。茶馆旁边肯定会有麻糕桶,于是人们往往会一边喝茶一边吃麻糕,这也成为常州古城的特色。为什么会有"茶食"一词?看来与此有关。一只大木桶不到一米高,直径80厘米,这就是通常所说的麻糕桶,一炉可贴20块到25块麻糕。不要小看麻糕桶烧的焦煤(白煤),它燃烧时炉温最高可达上千度,所以麻糕坯子贴在桶壁上5分钟就会烤黄,再烤一会儿就会发焦,一闻到焦香就要赶快铲出来。从贴坯到铲麻糕是一项非常艰苦的劳动,要求师傅手脚并用,眼快手快,否则,贴不牢,麻糕会掉入炉膛,晚铲出的话麻糕会烘糊。

常州的麻糕制作工艺复杂。面粉兑碱发酵,需要醒面、和面、搓揉,直至面团光滑,然后制坯,做油酥和馅心,擀压成圆、方、椭圆等形状,还要用饴糖调成汁,刷在麻糕坯表面,并撒上脱壳的白芝麻。师傅用双手略蘸清水,敏捷地将坯子贴在炉桶壁上,一会儿坯子变成金黄的麻糕,轻轻铲出即可。出炉的麻糕色泽金黄,香脆松软,皮薄酥重,甜馅醇厚,咸馅味鲜且葱香味扑鼻。

老常州经典的早餐就是一块大麻糕,搭上一碗豆腐汤。一般在做完麻糕早市后,精明的老板还会利用麻糕桶炉膛余温和剩余的面坯,做些"马脚爪"来供应顾客,增加收入。

油条

大家都喜欢吃油条。据史料记载,自南宋以来油条就是人们钟爱的早点,不管东南西北,不论城市农村,不分男女老少,人们百吃不厌。早年父辈们称油条为"油炸桧",这里面还有一段故事。相传南宋大奸臣秦桧与其妻王氏狼狈为奸,以"莫须有"的罪名在风波亭内残害了抗金名将岳飞,老百姓对其恨之入骨,但只能将怒气深深埋在心中。有个点心店主王寿堂,气得无法入睡,就将手中的面团捏来捏去,做成了秦桧和王氏的样子并绕在一起,丢入油锅里炸。"油炸双人"一上市,明眼人一看便知其意,吃早点的人心领神会地喊起来:"吃

炸油条

油炸桧,吃油炸桧。"直到今天,仍有些地方沿用该称呼。

　　油条很受老百姓喜欢,不管用米饭饼还是蒸饭夹油条,都十分可口。旧时家里来了亲戚,父亲总要让笔者去买"油炸桧"。笔者最喜欢拿着一根竹筷子去买油条,在那物资匮乏的年代,看着加工油条的全过程,闻闻浓郁的油条味就足以让人垂涎三尺了。油条店里有一张硕大的面桌板,上面堆着面粉和发酵的面团。桌板前一只大煤炉上,有一口沸腾的大油锅,漆黑漆黑的,锅上面搁一只铁丝网兜,网兜下的钵头里存着沥下来的油。操作台上有两个师傅在操作:和面、揉面、切块、制坯、压条、叠条、拧转、裹粉。靠近油锅的师傅将拧长的油条坯用双手捏着两头,旋转一下放入滚滚的油锅中。一会儿油条坯就膨胀成又粗又大的油条,直至炸成金黄色,用筷子夹出放在铁丝网兜中沥油。笔者就将一根筷子穿上4根油条一溜烟地跑回家,等到上早餐桌时油条还是热的,咬在嘴里脆脆的、香香的。笔者小时候总盼着有亲戚

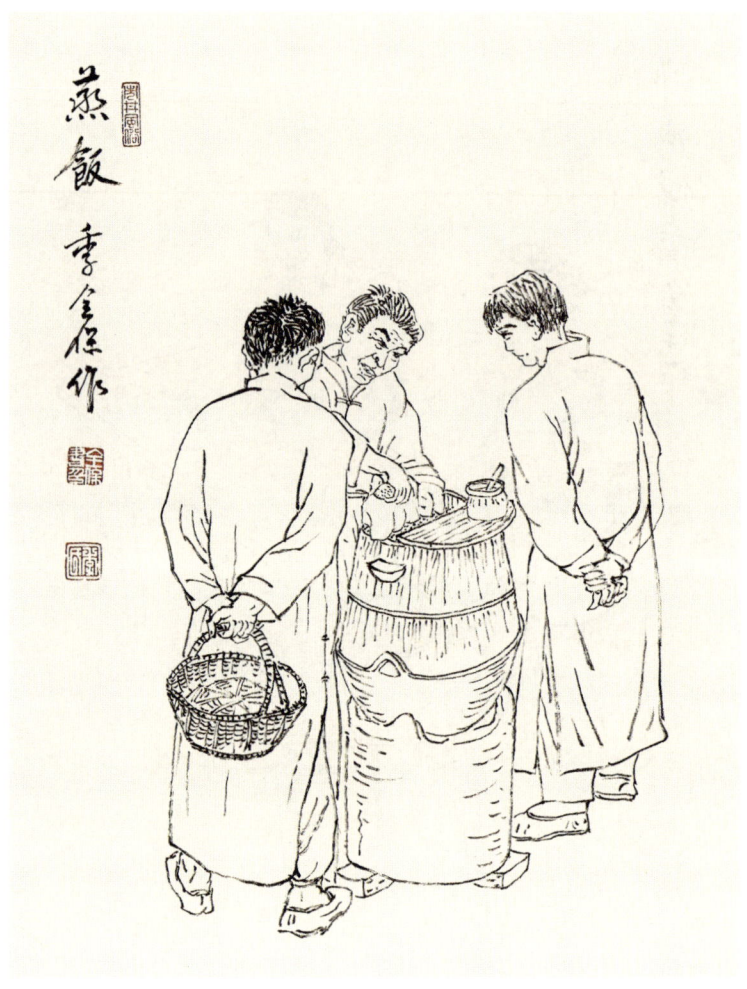

蒸饭

来，因为他们来了就有油条吃，那时吃上一次油条是多么幸福的事啊！

蒸饭

常州人若是来不及在家里吃早饭的话，有条件的都会在外面的路边买块麻糕，或者买个蒸饭团，边走边吃。这样既方便，又快捷，吃完了蒸饭团，目的地也到了。

笔者小时候很少有机会一个人吃一整个蒸饭团，因为那时正值自然灾害时期，肚子都填不饱，哪有条件吃到蒸饭团啊。二十世纪七十年代初参加工作后，笔者才有条件买蒸饭团吃。笔者喜欢在买蒸饭团时放一根油条，还会特别要求再放上勺白糖，最好是绵白糖。饭团加油条又甜又香又脆，吃在嘴里糯糯的，如果堂吃，再来碗豆浆，那就更是无上的美味了。

卖蒸饭佬天不亮就要将淘好的糯米、粳米按比例配好，上笼锅蒸熟，盛入木桶内，再用盖头盖得严严实实的以保温。木桶上面的盖头一块是活络的，可随时打开取蒸饭，也可随时关闭。卖蒸饭佬左手用一块白布摊在手心，右手用勺子将蒸饭包进白布内，用手压扁压匀，再将油条一折为三嵌入其中，然后双手裹起白布，又拧又捏，最后松开白布，露出白白实实的饭团，只见饭粒紧紧地粘在一起。

过去，其实要做好蒸饭也不容易。首先要去粮店用粮票买配给的米，米从粮店买回来，还要拣出米里的砂子、碎石子、稗草子。卖蒸饭佬每天起早贪黑地忙碌，不管是下雪下雨、天寒地冻，还是酷暑日晒，每天都要照常出摊。他们要将一桶的蒸饭卖光，如果卖不掉待第二天再卖，饭会变硬变黄，就会影响到生意，破坏声誉，所以只能自己吃，可是这样就赔本了。这吃的可是血汗啊！

江南还有许多地方将蒸饭称为"粢饭"。关于粢饭还有一段古老的传说：秦始皇派几十万民工去筑长城，当时吃不饱的民工就将筑城墙用的糯米偷偷地捏成一团一团的藏在衣服里带出来。这可能便是粢饭的来历吧。

爆炒米

做爆米花这一行当，何时开始的很难说，但是从使用的铸铁小型压力容器来看，与其他老手艺相比，历史不会太长，最早也不过民国年间。

爆炒米佬一般来自苏北，他们吆喝着："爆炒米哦——""响啰——"在常州北大门外的下街上，有个爆炒米佬群居的地方，地名就叫"炒米浜"，以前叫"炒米帮"，后来才将"帮"改成了"浜"。炒米浜这个地方紧靠殷家桥，连接通济桥、北塘河、卜家谭，孟家村就在附近。炒米浜最早的住户都是从苏北撑了划划船（一种小渔船）过来的。他们先是靠抓鱼卖鱼为生，后来靠做笤帚、做爆米花、拉煤车等过日子。笔者就有好多小学同学住在那里，他们的父辈做的都是这种活，说着一口苏北话。到了二十世纪六十年代，他们有的改行，有的进厂，爆炒米的活计也无人再做了。

过去的爆炒米佬，总是穿着黑衣围着黑布，脸上沾满了黑灰，挑着一副担子，担子一头是一只木风箱、一只下火炉，另一头就是爆米花机。爆炒米佬到了人多的地方，放下担子，先生炉子，然后再在周围沿街叫喊："爆炒米哦——"一会儿，就有家庭主妇出来，她们手拿生箩，里面装了大米，另一只手拎一只篮子或米袋，用于存放爆好的炒米。等到有

爆炒米

两三人来了,爆炒米佬就把爆米花机的盖子打开,将米倒进爆米花机的肚内,然后放进糖精,盖紧铁盖,用一个螺栓旋紧铁盖,看一下爆米花机上面的压力表。接着他一手拉风箱,一手握住爆米花机的手柄随着炉火转动翻滚。大约10分钟后,随着一声"响啰"的叫喊声,只见周围的孩子们捂着双耳,逃得远远的,嘭的一声,麻袋里立刻蹿出浓浓的白雾和扑鼻的米香,白花花的爆米花立即映入眼帘。然后爆炒米佬将做好的爆炒米,装入别人带来的篮子或米袋里,收取5分钱的加工费,接下来再为其他人做爆炒米。其实做爆炒米不光可以用米,还可以用黄豆、蚕豆、山芋干、年糕等。有时候爆炒米佬一连要爆数十锅,这就算生意兴旺了。爆炒米佬的小火炉一般不熄火,到了晚上要用湿煤将炉子封好,第二天继续做生意。

常州还有一种习俗,过年时,将糯米放在铁锅里炒熟用来泡炒米茶招待客人,这种礼节

百叶结索粉汤

茶叫"朝茶"。还有人将炒米和饴糖放在一起,做成炒米糖,考究的人家还要加点花生仁、芝麻,吃起来又香又甜。

百叶结索粉汤

笔者绘制和书写了许多关于江南古城的小吃点心的作品,每当画百叶结索粉汤时,总会感到口水要流出来。凡是上了年纪的人看到这幅画,都会被图中的那种情景所感染而忆起往事。这究竟是怎样的地方小吃,能引起这么多人的回忆?

百叶结索粉汤何时在常州出现的现已无从考证,但是从民国年间出版的《武阳食单》中可以看出,它已是当时有地方特色的点心了。旧时,每天下午总能见到一些老人,挑着一副担子,转悠在市区喧闹的街头,或者是戏院、电影院、混堂等公共场所。尤其是在那寒冷的冬

天,老远就可以看到从担头上冒出的腾腾热气,闻到一股香喷喷的味道,许多食客因此被吸引而来。将粉丝放入沸腾的紫铜锅中烫熟,然后再放入几个油生腐(百叶结),在碗中加入高汤,撒上许多美味的作料,一碗香喷喷的百叶结索粉汤就可入肚了。虽说五分钱一碗,但非常受大家的欢迎,特别是在电影开场前、戏院演出前,生意尤为兴隆。

为什么一碗百叶结索粉汤能引起这么多老常州人的回忆和牵挂呢?我试想着让现在的一些饮食摊点也来做一碗百叶结索粉汤,以为那肯定会引起广大食客的兴趣,遗憾的是,不管怎样制作,总是做不出原来的味道。到底是为什么呢?笔者找到了答案:首先是原料不对。过去原料中的油生腐是用大豆做的,索粉是用山芋粉或豆淀粉做的,高汤是用鸡骨、猪骨、黄鳝骨经过8小时以上的熬制,再加上其他原生态的作料,所以香浓味美,特别好吃;其次是加工工艺不同,如今很难复原旧时的复杂工艺。所以现在要烧一碗正宗的百叶结索粉汤的确不易,说到底,很少有人愿意再去做这种微利生意了。这些传统的老味道、老手艺、老字号,只能随着时间的流逝而消失。

热白果

立秋后,有时天气还很热,就像大伏天一样,人们称之为"秋老虎",此时正是白果的收获季节。夏去秋来,街头总能看见一些挑着担子的卖白果佬。担子一头是一只小炉子,里面是熊熊燃烧的火,上面放着一只小铁锅,锅里面热炒的白果发出噼里啪啦的爆壳声;担子另一头是一只用老棉絮裹实包紧的装熟白果的桶。只听得卖白果佬随炒随吆喝:"刚起锅呵——香炒热白果!"卖白果佬不但吆喝,还会边炒边唱:"香炒热白果,香是香来糯是糯,大家来买热白果,一个铜板买三个,十个铜板买一窠。"有人来买,卖白果佬就用张报纸将白果包成三角包后递给他们,那些老人、妇女、孩子便有滋有味地吃起来。

白果,学名叫银杏,常州周边的许多地方都盛产此果,泰兴的白果最有名。白果不能多吃,否则会中毒,甚至死亡。记得隔壁有个邻居,特别喜欢吃热白果,天天吃,每次都要吃上好多,往往一个小三角包还不够,甚至还用白果搭老酒,久而久之他就口吐鲜血,送到医院就死了。笔者母亲也常说:"白果性热,多吃了是要烧死的。"虽然有毒,在旧时白果可是一样好东西,烧菜、炖菜、炒菜、烩菜都少不了它,用白果做出的菜品有糖醋白果、芹菜白果等,只要烹调得当就能起到保健食疗的作用。

热白果

糖粥

旧时老常州有首卖糖粥歌谣唱得好:"笃笃笃,卖糖粥,卖得多,拨点我,卖得少,勿怪我。"这是小孩调侃卖糖粥佬唱的歌谣。另一首卖糖粥歌谣是:"笃笃笃,卖糖粥,三斤葡萄四斤壳,吃了你的肉,还了你的壳,张家老伯伯。"还有一首歌谣:"笃笃笃,卖糖粥,哪个小佬哭,我来捉!"卖糖粥的一般都要敲梆子,一路敲,一路卖。过去城里的大街小巷,人们"歇过昼"出来,便会循声自带碗去买糖粥。这种糖粥又腻又热,稀稠适度,吃起来香甜润口,不但暖胃养心,而且提神充饥,3分钱就能买上一碗,真是价廉物美。

到了冬天的夜晚,有时天空飘起了雪花,阵阵西北风刮起,街头巷尾的地上很快就铺上一层厚厚的白絮。此时小巷深处就会传来"笃笃笃"的敲梆子声,一个头戴箬帽、身着破袄、肩挑一副担头的老人,佝偻着背,卖着糖粥。他会选择在巷中的红漆大门前,或者大户人家门口停下来,弯下腰将快要熄灭的炉炭挑一挑,再加两块木炭,使紫铜锅里的糖粥更热。此

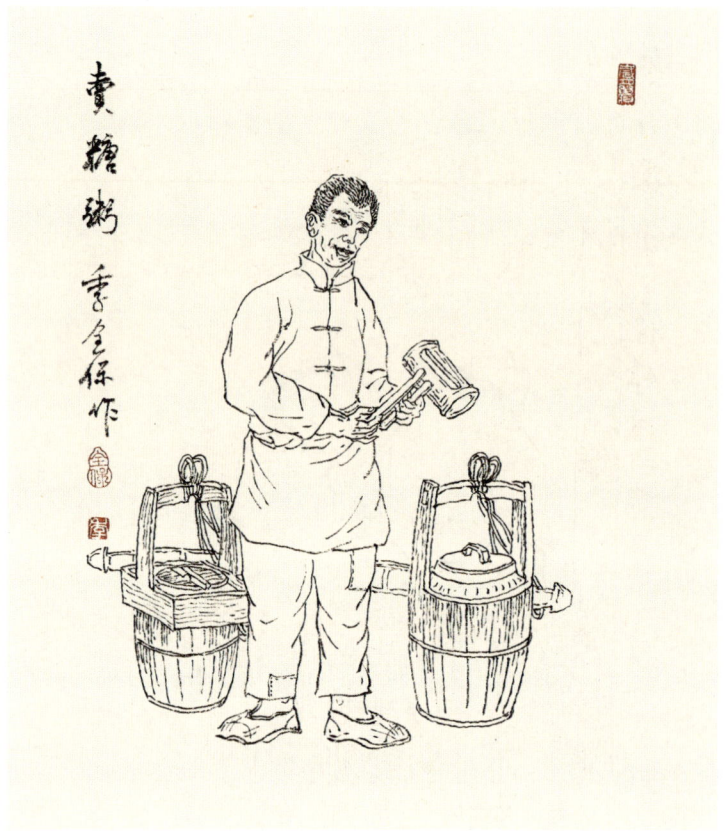

卖糖粥

时,随着一声"吱呀"声,红漆大门就会打开,有人会从楼上的月洞窗里吊下一只竹篮,篮中放上一只碗,里面再放上3分钱,屋里的人就会品尝到一碗热腾腾的糖粥。这些糖粥都是用上好的糯米,加上豌豆、赤豆、红枣,用红砂糖熬成的,既便宜又可口,深得家庭主妇、小孩老人的喜爱。尤其在天寒地冻的冬夜,喝碗糖粥,真是温暖无比。

糖粥是老百姓喜爱的食品。卖糖粥佬想方设法买到农村的新糯米,再到南货店里去买装红糖的"巧货"蒲包或小麻袋,拿回去浸在水中泡,泡后的水滤去杂屑蒸发水分而成为浓糖水,再调入粥中,以降低成本。有句俗语说"一行服一行,糯米服红糖",说的就是煮糯米红糖粥时,糖放多会变稀,于是卖糖粥人便在煮粥时放入少量碱,这样既容易将粥煮烂,还不会现清水。你瞧,各行各业都有自己的诀窍。

卖糖粥的行当到了二十世纪七十年代就已经消失了。现在人们除了还能背些卖糖粥的歌谣外,基本上已将它遗忘。能回忆昔日卖糖粥的人现在都已年近花甲了,他们无法忘记那"笃

卖野菱

笃笃"的卖糖粥佬的敲梆子声,因为它是老常州人生活中的一种情结。

野菱

旧时,夏天即将过去,秋天快要到来的时候,沿街总能听到高亢的男高音,操着纯正的武汉口音吆喝:"卖野——菱哦!"只见有人沿街吆喝,手里拎了满满一篮煮熟的野菱,边喊边卖。还有一种经营规模稍大一点的卖野菱佬,他们会用苗篮挑着一担野菱或沿街叫卖,或在人流集中的市场上叫卖。这一担野菱,一头是生的,一头是熟的,生的是让别人买回去自己加工,熟的是随买随吃的。这两种卖野菱佬的不同之处是:前者用手抓了放在纸包里卖,只要几分钱一包;后者是用秤来称重卖的,所以分量也大,价格也高。

野菱是生长在河道渠沟的一年生草本植物。在常州的大北门外,有个地方叫红菱塘,那里就是专门种植红菱的。红菱又称"家菱",所以和野菱相比,家菱要大得多。野菱个儿小,肉少,而且角上的刺也长,但煮熟了吃比家菱香好多,还是十分受人欢迎的。笔者小时候有一次上学路上，花3分钱买了一大包"仄倒"（全买下落脚货）的野菱去上课，留了好多下课后给同学吃，好不威风。这时摇铃声响了，笔者只能将一包未吃完的野菱往裤袋里一塞就去上课了。要命的是偏偏上的体育课，野菱的角将笔者身上戳了个小窟窿，那个痛就不要说了。晚上回到家，睡觉时母亲发现了伤情，以为是笔者在学校和人家打架了，或者被人欺负了，因为笔者那时个子长得小，平时经常受人欺负。笔者说："没有打架。"但又不敢说是野菱戳的，为什么呢？因为那3分钱是母亲给的早饭钱，笔者节省下来买了野菱，说出真话不但要挨骂，而且以后永远得不到"小费"了。较真的母亲不相信是笔者自己弄伤的，第二天居然到学校问老师，弄得老师一头雾水。因为这件小事，野菱和笔者结下了不解之缘。现在，就算想再尝尝野菱的香味，也很难见到野菱了。现在不但野菱难觅，就连家菱也不易见到了。原来的江南到处都有河道沟壑，可供很多水生植物生长，现在河塘少了，野菱和家菱自然也少了。

　　卖野菱佬再也见不到了，每每想吃红菱、野菱的时候，笔者只能找出《采红菱》的CD来，从乐曲中感受当年河面上那绿荷田田、菱叶翩翩的情景：一个个木桶载着采菱女的身影，穿行在河塘间，那一只只红菱鲜艳夺目，成为笔者对旧时江南的难忘记忆。

骆驼担

　　可以这样说，60岁以下的人已经对"骆驼担"这一名称知之甚少了。为什么呢？原因就是江南一带骆驼担在二十世纪五十年代就消失了。一位在海外生活多年的老常州人见笔者出版的《寻访老常州》中有很多章节描写骆驼担，这引起了他的回忆。他说自己离开故乡时，在火车站吃的最后一顿饭就是骆驼担上下的雪菜拌面，故乡的骆驼担的味道在他心中永远挥之不去，难以忘怀。

　　那么骆驼担到底是什么样的呢？其实骆驼担就是旧时江南人家厨房里的竹橱，是用竹子做成的形状类似骆驼的碗橱，有四条腿，人站在中间往肩上一掮便可携带，挑着走时就像沙漠里的骆驼。

　　骆驼担的一头是炉灶，一只煤炭紫铜锅，沸滚的水可以随时下馄饨、下面条；另一头上层放着酱油、盐、葱花、辣椒等各种调味品，下层放碗筷、生面和大小馄饨等，再下层还有水桶、木炭等。骆驼担一般出没在车站、戏院、书场、公园等热闹的公共场所，有时也会停在街巷口，为那些不上馆子的平民百姓提供方便。骆驼担的好处是时间自由，随到随吃而且价廉

骆驼担

物美,所以特别受百姓的欢迎。骆驼担里最受大家欢迎的是小馄饨和雪菜面。小馄饨馅虽小,但味鲜汤美,特别受女性和老人的欢迎,而雪菜面则受饭量大的男性喜欢。一般做骆驼担生意的,原材料都是自己动手准备的。卖的面条是手擀面,吃在嘴里滑糯有咬劲,其中的雪菜都是自己腌的雪里蕻,既嫩又鲜,许多吃客都是冲着这个浇头来的,难怪那位在海外这么多年的老先生还忘不了这家乡的味道。

骆驼担兴起于何时如今已无从考证,但可以明确它消失于二十世纪五十年代。骆驼担随着社会的变革和发展而消失了,但是挑骆驼担佬的叫卖声还久久在笔者耳边回荡:"大小馄饨沿街叫,骆驼担子肩上挑;三分一碗价不贵,汤鲜垫饥味道好。馄饨皮子细又薄,全是自己手擀佬;馅心当天来包裹,保你眉毛会鲜掉。"

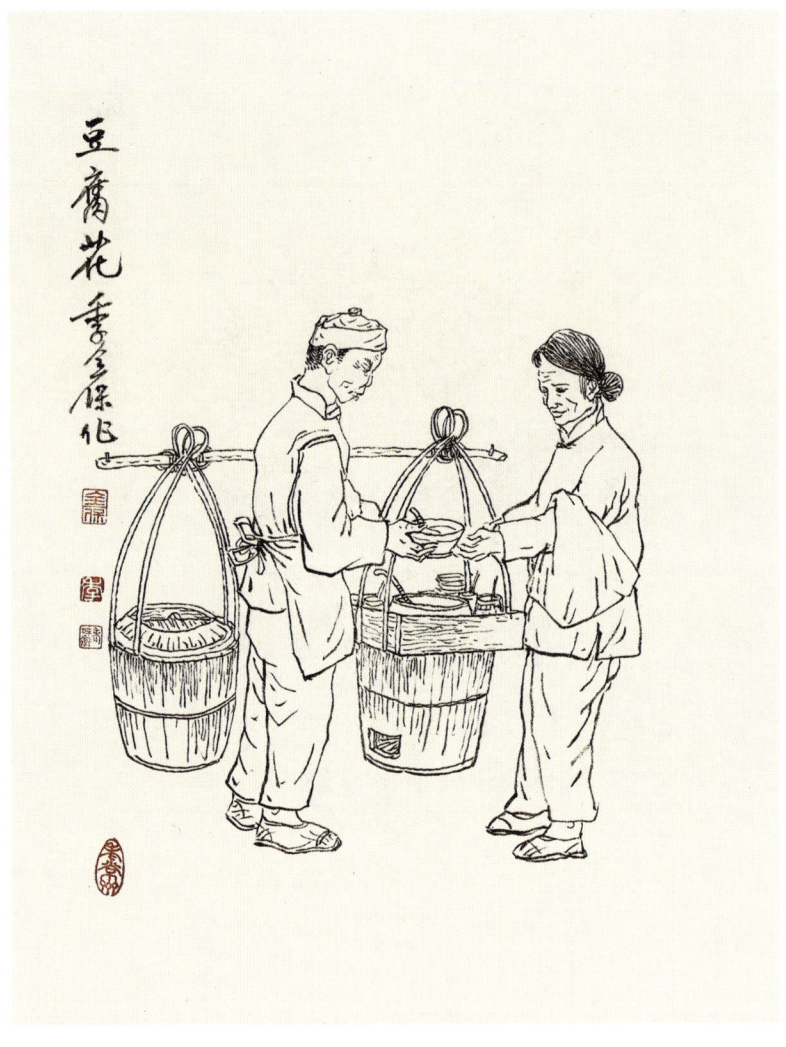

豆腐花

豆腐花

"豆腐花"是南方人特有的称呼,北方人称之为豆腐脑。南方人特别喜欢豆制品,豆腐花是最受人们欢迎的品种之一,而且价廉物美。

卖豆腐花的挑着一副担子,担子一头的木桶储存豆腐花,另一头是方形的作台,作台里盛放碗、汤匙,作台四周放着各种配料,有虾子酱油、香菜末、虾米和百叶丝等,作台中间冒着热气的紫铜锅里装满了豆腐花,锅底下是一只保温的炉子。人们花上3分钱就可来上一碗老木桶豆腐花了,然后放入可口的调料,滴上几滴麻油,或蹲或立地在担子旁边有滋有味地吃起来。豆腐花冬天可以暖暖肚,平时可以垫垫饥,老人小孩也可以来碗豆腐花解解馋。

常州的豆腐花，又称老木桶豆腐花，制作存放豆腐花的容器就是木桶。当豆浆煮开后，加入石膏点卤，使豆浆中的蛋白质凝结成半固体，保留原有的水分，豆腐花就做成了。豆腐花乳白细嫩，不但口感糯滑、入口即化，而且营养丰富。用铜勺轻轻地舀起老木桶里那又白又嫩的豆腐花，轻轻地放入碗中，加上绿绿的香菜、葱花，在"白玉汤"里再加上红红的酱油、黄黄的榨菜末、白亮的虾米，再滴上几滴金黄的香油。哇！只要用嘴一吮，鲜美之味一直流淌到心间。这种平民小吃一直延续至今。

现在有许多小吃店也将豆腐花引进店堂，供人们做早餐，虽然用餐环境变好了，服务热情了，但是再也找不到当年担头木桶里豆腐花的口感了。

米饭饼

米饭饼和大麻糕一样，是常州人早餐的一大特色。旧时卖米饭饼的摊头，主要是一个行灶、一个平底锅，锅中有个小凹槽。将一大桶米粉发酵成糊状再贴成饼子，这就是米饭饼。

笔者小时候没有条件经常吃米饭饼，但在上学的路上会看到许多贴米饭饼的摊头。笔者有一个住在孟家弄底热水河旁的邓姓同学，他家就是贴米饭饼的，所以笔者经常会去看他的父亲贴米饭饼。记得每次去老远就闻到米饭饼的香味，循着香味走过去，就会见到平底锅中放了好多块米饭饼，它们都圆圆的，而且一副米饭饼两扇相连，饼底烤成金黄色后两扇一合，中间夹一根油条，这就是一副米饭饼夹油条了。接下来，再用勺子将乳白色的米浆舀入平底锅中，往凹槽里加入水以防止锅底烤焦。这种传统的米饭饼，香味浓郁，入口甜中带酸，中间夹的油条香脆可口，是非常好吃的营养早餐。贴米饭饼的店主不炸油条，所用油条一般是从其他油条店批发来的，卖完后一并结账。因为也有许多节俭的食客舍不得夹油条，只吃一副两扇米饭饼。在那个年代，一般人家的早餐大都是稀饭和泡饭，能够在外买米饭饼吃的就算是经济条件很好的了。

贴米饭饼是苦活，一般都是苏北来的师傅做这个。他们一帮一伙，起早摸黑，为人们提供这种美味的小吃。到了二十世纪七十年代，贴米饭饼的摊头慢慢减少了，现在，想吃上一副米饭饼已经成了一种奢望，取而代之的都是高档的小笼包、汤包、生煎馒头。笔者每当见到油条摊，就会情不自禁地想起米饭饼，因为它们是一对非常好的搭档。米饭饼没有了，油条千万不能再失去，要不我们还能吃到什么传统的早餐？

米饭饼

卖棒冰

现在一到夏天,人们走在街上,可以看到各种冰镇饮料和食品:冰激凌、蛋筒、雪糕、雪碧、可乐……可是,想要找一种40多年前的赤豆棒冰,是找不到的,那种赤豆棒冰的味道深深地印在笔者的脑海里。

记得小时候常吃的企鹅棒冰,有赤豆、绿豆、奶油这几种,都是元丰桥河边上的棒冰厂生产的。每到夏天,满街都是卖棒冰的,一人背着一只小木箱,箱子里面铺了棉絮,然后将棒冰摆放在里面,这样就不易融化了。棒冰上面再覆盖一块棉絮,卖一根掀一次,盖上后不透风,可以保温到晚上。卖不掉的棒冰,要么放到厂里的冰库里,要么蚀本卖或者自己消化。一

卖棒冰

箱棒冰100支,批发价3块7毛9分钱,零售价4分钱一支。如果碰到大热天,一天能卖200支,那就挣得更多了。为了生计,母亲曾经卖棒冰,天一亮要到元丰桥厂里去批发,然后赶到火车站、班船的码头卖,生意好的话中午可以卖完回家吃饭,生意不好的话,到晚上都卖不掉。笔者上初中时,暑假期间也会帮着卖,先是背只木箱卖,后来笔者做了一个弹子轮盘的推车,这就大大减轻了劳动强度,但那时的路都是土路或弹石路,很难走。卖棒冰时就吆喝:"赤豆棒冰!4分钱一支,全赤豆。"自己从早叫到晚,喉咙冒火,但舍不得吃一支。那些拿来吃的都是些融化了不能再卖的。哥哥有时候也会帮一把,在班船码头、马戏团门口、西区剧场等地帮着卖。当时正好姐夫有自行车,将棒冰箱往自行车后面的架子上绑牢,就可以满街跑了,

一会儿大光明,一会儿大戏院,一会儿文化宫,一天可以卖上两箱。

卖牛奶

后来牛奶厂的鲜奶都是由送牛奶佬用自行车直接送到奶户的家中。不过,谁也想不到,老常州最早卖牛奶的是将奶牛直接牵到奶户家中,现挤现喝。

著名语言学家周有光先生在《周有光百岁口述》中写道:"我家住的常州的巷子叫青果巷。我大概三岁时,跟祖母住在一起,我记得一件奇怪的事情,祖母要吃补的东西,吃奶,没有像我们现在这样方便,是牵着一头牛到家里来挤奶。"这说明当时人们喝牛奶、卖牛奶都是"直供"的。当然,这种"直供"非一般百姓所能承受。

笔者小时候,由于家庭条件的原因,很少喝牛奶。笔者有个同桌的父亲是送牛奶的,有时会有送不出的牛奶,同桌会带到教室里当饮料喝。

过去送牛奶佬天不亮就将装着鲜奶的瓶送到奶户家门口的小木箱里,早上起来奶户就能吃到新鲜的牛奶了。在那路不拾遗、夜不闭户的年代,在江南的这座小城里,发生了一起"牛奶事件"。事情发生在二十世纪六十年代中期,有天早上,平常安静的街道居然吵得炸开了锅,街上还停了"红汽车"(警车),旁边有若干公安人员在破案。一打听原来是送到每户小木箱里的牛奶都不翼而飞了。在那个年代这是不可思议的,如果有人要喝牛奶,弄几瓶就早已胀破肚子,怎么会把这一大片人家的牛奶箱都搬空了呢?公安人员最后的结论是"政治事件",当时一直没有破案。但是事情并没有到此为止,若干年后,有人承认那年的牛奶事件中,牛奶是他拿的,因为他生了一种湿疹,要用牛奶浸泡治疗,于是才真相大白。

笔者家后面有个牛奶场,那里既养牛,又卖牛,有时还能看到奶牛在挤奶,笔者却从来没有尝过那个牛奶场里挤出的鲜牛奶。后来在西藏和云南的交界处,我有幸尝了一次刚挤出的鲜牛奶,尽管营养丰富,但腥味很重,虽然只喝过那一次,但让人记忆犹新。

第九章 老游戏

滚铁环

滚铁环

  滚铁箍，也称滚铁环，是旧时孩子们最喜欢的游戏之一。会滚铁环的孩子们从家中找出坏的木桶，将桶上面的旧铁箍取下来，铁环就有了。他们再用粗铅丝弯一个前端"U"字形的钩子，后端做个小柄，就可以滚铁环了。

  小朋友们不但在街头弄堂里来回穿梭滚铁环，还利用上学放学路上的时间，将铁环一直滚到学校里去，或者滚回家来。其实铁环的玩法很多，可以单独玩，也可以排成队玩。更有厉害的孩子能将铁环滚过一尺高的门槛，越过二尺多宽的水沟。还有的会绕"8"字滚、对滚、

打旋鼻螺

双滚,花样很多。那时的孩子真会玩,他们滚着铁环上桥下桥,过坎跨沟,有的能够在10厘米宽的人行道边石上滚着走,看着都危险,他们却玩得不亦乐乎。其实,滚铁环能锻炼眼力、手力和平衡力,能提高孩子们的动手动脑能力。

旧时常州的大街小巷,到处可见滚铁环的孩子,铁环在弹石路的摩擦声,打破了古城的宁静。铁环的叮叮当当声,和小贩的叫卖声、倒马桶的唰唰声、算命的叮当声、卖唱艺人的胡琴声,混合在一起,汇聚成优美的乐章。

打旋鼻螺

打陀螺,俗称"打旋鼻螺",是一种男孩女孩都能玩的游戏。在玩具中,陀螺是最普通不过的了,一般在店里买不到陀螺,都要自己动手做才行。取一截6—8厘米粗的木棍,锯成8—

10厘米长的木段，将一端削成锥形，再嵌入一粒钢弹子，陀螺就做好了。一般成品陀螺高6厘米左右，直径4厘米左右，上顶平，外体都涂上颜色。

再找一根一尺长的棍子，上面结一根绳子作鞭子。开始玩时，将锥形的陀螺用绳绕，然后使劲一拉，再将落地旋转的陀螺用鞭子接连使劲地抽打，使其不断旋转，转的时间越长越好。这种游戏看着简单，却能锻炼孩子们的耐力。擅长打陀螺的孩子，能将旋转中的陀螺用一块纸板从这边带到那边，两边来回玩。孩子们还会让旋转中的陀螺相互碰撞，看谁的陀螺转的时间长、经得起碰撞。也有的孩子在玩时先用鞭绳在陀螺锥体上部圆柱上一圈圈缠绕，然后用拇指按住陀螺上面，三四指卡紧，拖住下端，另一只手将鞭子迅速抽动，使陀螺在地面上旋转起来。也有的不用鞭子，用双手使其旋转，然后用脚上的鞋帮边对着陀螺摩擦，使之转动，陀螺转速不快却不停，这属于高手玩法。打陀螺游戏可一人玩，也可多人玩。不仅儿童可以玩打陀螺，大人也可以玩。打陀螺其实是一种健身项目，适合各个年龄层次的人健身，特别是对于老年人来说，打陀螺看似在玩，却在不知不觉中健身了。

打陀螺时，每一鞭子抽下去，人的浑身上下都要运动，尽管不像打篮球、踢足球那样激烈。虽然打陀螺没有什么规则，但想让它转得又快又稳，也需要技巧和经验。在二十世纪七十年代前，打陀螺是一种普及又深受欢迎的传统娱乐项目。打陀螺最受小孩子的追捧，因为不仅能玩，还能和别人比赛，享受竞争的快感。那时候，在晒谷场、学校操场、自家厅堂、大街小巷，都可以看到一只只陀螺在转，一条条鞭子在抽，那情景，是多么和谐美好啊！

丑包围

过去丑包围是小朋友们常玩的游戏。几个要好的小朋友在一起，一人提出来玩丑包围的游戏，其他人肯定拍手同意，于是大家就来到一块平整的地上，开始玩起来。

过去空地一般是泥地，所以到处都适合玩这种游戏。参加游戏的小孩们各执一把小刀（或长针），按照游戏规则，选出首个玩家开丑。第一个玩的小朋友很重要，要起个好的头，他在地上丑出两个点，然后将两个点用线连接。丑包围有一定的规则：连接时线与线不能碰到一起，一定要留出空间，这样才算正确玩法；如果上面的玩家丑下去的小刀压住线条或立不住，就轮到下一个玩家接着玩，以此类推。

玩丑包围游戏要胆大心细，不急不躁，看中即下手，可培养孩子们果断处事的能力，还

丑包围

能培养孩子们谨慎的处事态度。会玩丑包围的孩子可以一人玩一圈，不会玩的孩子，都没法让尖刀（或针尖）在泥地上立起来，即使立起来了，也是越线的。

笔者小时候磨的锯条皮刀既尖又锋利，玩丑包围游戏时十分顺手，轻轻一丑，大家就会投来羡慕的目光。其实笔者是将泥地作为画纸，将尖尖的刀作为笔，在地上认真地作画，画出心中的图来。为此，许多小伙伴在游戏失意时，总叫笔者代丑，但最终会以代丑无效而告终。现在再也见不到玩丑包围的游戏了。

套圈圈

套圈圈既是一种游戏，也是一门生意，而且对于套圈圈佬来说，这是一本万利的活计。他只需买点劣质的玩具盒、糖果，每天摆摊，守株待兔式地收钱，这种生意在旧时算是好做的了。

套圈圈

笔者小时候为了展示自己的视力好、瞄得准，经常会和一些同学去光顾套圈圈的摊头。学校门口有个空场地，套圈圈佬看中这里是一块赚钱的宝地，隔三岔五地在此设摊。

套的圈圈是用藤做成的，有大、中、小三种，1角钱买10个小的，送2个；1角钱买6个中的，送2个；1角钱买5个大的，1个也不送，因为大的容易套中。

笔者曾经花了5分钱买5个圈，再送1个，共得6个圈。笔者屏住呼吸，扔出去2个，一个都不中，心一急，朝最近的目标扔去，藤圈又跳得老高，又没套中。手中最后一个圈给了隔壁的大人王先生，让他帮着套。只见他不慌不忙，把藤圈高高抛起呈弧线，落到最远的一个马的泥塑上，紧紧套在了马头上。当时套圈圈佬说不是笔者套的不算，但王先生说："你卖的是圈圈，又不是卖的人。"于是笔者就高高兴兴地将玩具捧回了家。笔者一直想不通为什么自己

搭洋片

就套不中,而大人只要轻轻一扔,就成功了。后来上了中学,学习了抛物线的原理,才知道套圈圈也是有科学原理的。

其实套圈圈成功的概率是很低的,套圈圈佬就是看到这个概率太低,才干这一营生,要是容易成功,他就会蚀老本。现在,我们还能时常在庙会集市上见到套圈圈这一传统的游戏,但是套的东西变了,有香烟、老酒、日用品、纪念品,还有五花八门的礼品,买圈圈的费用高得离谱,这样的做法让游戏失去了其最可贵的本质,不值得提倡。

搭洋片

别看过去的孩子没有多少玩具,其实那时的孩子玩伴多着呢。只要一放学,三五成群,找个空地就能找乐子，例如搭洋片，这在当时是既时尚又好玩的游戏。

搭洋片，也称搭牌片，就是将用完的香烟纸或花纸头折成厚厚的豆腐干状来玩，牌片约5厘米长、3厘米宽。也有人从街头小摊上买来大张洋片，上面是《三国演义》《水浒传》《西游记》等古典小说的图片。将这些牌片聚在一起，邀上几个小朋友，既可以欣赏图片内容，又可以玩耍。

孩子们在一起玩耍时，会将牌片反复地往地上拍，能利用拍下牌片的瞬间产生的风力吹翻另一张牌片的人即为赢家。这种游戏，既能锻炼身体，还能提高智力。有诀窍的小朋友能赢上一大把，他们把赢来的洋片抓在手里，用皮筋扎好，就像获取了战利品一样得意扬扬。不会玩的小朋友往往就成了"老书（输）记"。

记得小时候下午上课时，经常有同学迟到，有经验的老师就会检查他们的书包，或者上衣口袋，往往能搜出一大沓洋片来。老师知道这些同学是因为玩搭洋片游戏，忘记了上课时间，所以除了没收他们的洋片，还要罚他们站墙角。

洋片中最吸引笔者的是花花绿绿的图案，那时总要向同学们借几张"刘关张"的图来临摹一番，等到学期结束时，课本上已画满了人物像。

抓雀子

由于旧时孩子们的玩具稀少，男孩子的玩具都是自己动手做的，适合女孩子的玩具和游戏相对就更少了，而抓雀子这类游戏就属于女孩子喜欢玩的。

雀子，顾名思义，是像麻雀一样会飞的掷子。用深色布做成一个长宽5厘米的布袋，里面一般装些米和豆类，或者其他填充物，用针线缝好，这样，雀子就做好了。雀子不能太轻，轻了抓起来没手感，也不能太重，重了下坠快，来不及抓，要轻重适宜，才算是好雀子。

玩抓雀子，得约上三到四位女孩子，大家围在桌边轮流玩耍。开始时先通过"手心手背，乒零乓啷乒"决出第一个抓的人。第一个人将雀子抛向空中，迅速用同一只手或另一只手抓起桌上的牌阁，让它或翻身或组合重叠，比的就是谁动作更敏捷，雀子更形式多样，一次完成花样最多的为胜者。有的女孩子玩不转，顾了雀子顾不了牌阁，弄得一盘散沙。玩抓雀子一定要注意手眼配合，只有眼疾手快才能取胜。

笔者小时候看姐姐抓雀子是一种享受。姐姐因为经常为别的女伴做雀子，动用家中的米或赤豆，所以屡屡遭到大人的数落，这时笔者会偷偷地将米从厨房里拿出给她。在

抓雀子

抓雀子时,她能双手翻牌阄,能一次完成很多种花样,在笔者看来真是出神入化。难怪后来姐姐进了工厂后由于手脚快,而成为"三八红旗手",这与她从小抓雀子的练习是分不开的。姐姐不但雀子做得好,毽子也做得顶呱呱。只要有一块布,一个小铜钱,加上一根鹅毛管,她就能把毽子做好。每年的冬天她总要做上好多毽子给自己玩,有时还要送给同学。

轧脂油榨

轧脂油榨也叫轧脂油渣,过去小朋友们在冬天经常玩这种游戏。

旧时冬天,特别到了寒冬腊月,冷得滴水成冰,由于孩子们穿着单薄,手脚很容易生冻疮。天气太冷,孩子们上课时光跺脚也无济于事,于是当下课铃声一响,就从教室里跑到教室外的墙头边,靠墙一字排开,十来个孩子都挤在一起,拼命从两头往中间挤。有人顶不

轧脂油榨

住就被挤出队伍，然后再乖乖排到后面去，继续挤。身材较大、力气也大的同学靠墙站在中间，其他小朋友贴着墙往中间挤，想方设法要将中间的同学挤出阵来。可是力气大的同学也不示弱，两脚站稳紧贴墙面，保持不被挤出队伍的姿势。这时，外面看热闹的同学叫着："加油！"而队伍两边的同学嘴里还不时地喊："轧出油了吗？轧出油了吗？"在响亮的喊声中，总能见到有人被挤出队伍。被挤出的同学再去后面排队，继续往中间挤。笔者记得有年冬天曾有同伴被挤伤了，小便失禁，弄得棉裤一塌糊涂，还有一次有一段破围墙被挤倒，所幸没砸到人。

在冬季玩轧脂油榨，是旧时冬天最省钱的取暖方法，很受孩子们的欢迎。当然，除了轧脂油榨外，冬天还有堆雪人、打雪仗等游戏。现在想来这些老游戏确实给我们的童年带来无限欢乐。

摸司哈

摸司哈

摸司哈,又称"摸死蟹",亦称"摸瞎子",现在称"捉迷藏",即蒙住人的眼睛并让他寻找躲藏者的一种游戏。据说这种游戏发源于希腊,当时有人蒙住他人双眼,把他转得不辨方向,然后大家朝着他呼喊,以此取乐。这种游戏在中世纪时从成人游戏演变为儿童游戏,并传遍全球。

过去做摸司哈游戏时,大家通过猜拳选定一个人,用手绢蒙住他的眼睛,其他孩子在周围走动或躲藏,并喊出他的名字,蒙眼者就用双手摸索寻找他人。如果蒙眼者拉住其中某个孩子,就让其通过摸索对方,猜出这人是谁,如果说对了,就要拿下手绢,让被抓住的人蒙上眼睛接着玩游戏,如果没猜对,就要继续蒙眼玩摸司哈。做这种游戏,都要求蒙眼者对其他小朋友相当熟悉,甚至能从呼吸声中听出是谁。

滚铜板

这种游戏简单好玩，随时随地可以进行，能使孩子们通过游戏锻炼感知判断能力。现在这个古老的游戏还很受孩子们欢迎。

滚铜板

滚铜板是一项竞技性很强的民间游戏活动，二十世纪六十年代以前，它在江南一带比较流行。常州人把滚铜板叫作"滚铜钿"或"丑铜板"。铜板跟铜钿应该是有区别的，铜钿也叫铜钱，中间有一方孔，体量轻而薄，不好滚，一般玩的都是实心的铜板。

过去一般家庭都有很多铜板，各种年代的铜板摆出来有十多种，笔者家里至今还存有一些。也许是因为铜板多了，大家闲着没事，就把滚铜板的游戏开发出来了。

玩滚铜板前，好几个伙伴找一平整的空场地，用一块整砖，一块半砖，摆成45度斜坡状，在场地的另一端（约6—8米远处）画一条线。游戏开始了，用大拇指和食指扣着铜板，在砖

面上用力一磕,铜板就叮的一声落在砖上并弹离了砖面,顺着地面一路往前滚去,只有让铜板越线者才有进行下一轮游戏的资格。待玩者都滚完后,铜板滚得最远者在自己铜板停止的地方,执铜板投向离自己最近的铜板,如投中,铜板就赢到手,赢者可继续投其他的铜板。会玩的小朋友一次能够赢好多铜板。

其实,滚铜板不单单比滚的距离远近,更比捡铜板、投铜板、量铜板的本事,最后看谁收获多。所谓捡铜板,就是在近距离内,双脚并拢,蹲在地上,努力伸手,去捡地上的铜板,捡起来了,铜板赢到手,如果身体失去平衡,摔倒了,那就算失败。所谓投铜板,就是在远距离用自己的铜板瞄准别人的铜板,打中了,就算赢一次,就可以收了别人的铜板。所谓量铜板,就是如果甲方铜板打不中乙方铜板,而它却落在乙方铜板一侧,那么甲方还可以张开拇指和中指来量,看它们是否能触到两个铜板,触到的,就算赢一次,而赢了三次,甲方就让乙方交一个铜板。但谁来先捡铜板、投铜板、量铜板呢?这就要看谁的铜板滚得远,滚得最远者就能夺得这个权利,而这与捡铜板、投铜板、量铜板一样,都需要高超的技术。

斗田鸡

斗田鸡,又称斗斗鸡、斗鸡。这个游戏在男孩子中非常流行,因为孩子大都有好胜心理,想以此展示自己的实力,以便在小朋友中树立威望。

斗田鸡是较大一点的男孩子玩的游戏。两个差不多高的男孩在一起,把一条腿盘起,用手抓住脚踝,膝盖横于身前,单腿跳跃,用膝盖冲撞对方,双脚踏地或跌倒的一方为输者。也可以几个男孩分成两组,互相斗撞。斗田鸡与其说是个技术活,还不如说是个体力活。这种游戏有一定的危险性,一般都有较大的孩子在旁,既做裁判,又可保护玩游戏的人,这样才可开展游戏。不过后来学校也不赞成这个游戏,说是容易造成伤害,引起事故。

这项游戏能培养孩子的全身运动协调能力,锻炼孩子的耐力和爆发力,但因存在一定危险,现不宜提倡了。

还有一种斗田鸡游戏是低年级小孩玩的,这个是指纸折的斗田鸡游戏。

玩这种斗田鸡的游戏时,需要将纸折成尖头的田鸡状,把折好的田鸡放在桌上,对着后面吹气,气流会从下面穿过,促使其跳动前进。这种斗田鸡的游戏规则是两个人分别拿一只

斗田鸡

田鸡放在桌子两端,吹气操纵两只田鸡使其碰撞,哪只被顶翻了就是输了,输的一方的田鸡就归赢家。

旧时小孩子没什么高档玩具可以玩,不过孩子们都会自己动手就地取材地做玩具玩,也别有一番情趣。

踢跌子

踢跌子一般是女孩玩的游戏,偶尔也有男孩参加。踢跌子也称跳方格、造房子。

这个游戏非常简单,三五个女生在一起,选一块平整的土地,先在平地上用粉笔画上多个方格,将小砖块或瓦片放入方格内,然后有一人用单脚踢跳,按顺序从第一格踢到最后一格,然后再回到起点,这才算是完成整个游戏。游戏中只能一格一格地踢,不能出格和踩线,

踢跌子

否则算犯规。

踢跌子游戏规则一般为：在大约长4米、宽2米的平坦长方形地面上画上四层"楼房"格子，大多数时候还会写上"起点"和"终点"字样。拾一块瓦片做道具，依次将瓦片踢入每层楼房，按照楼房格子的顺序进行单脚跳或双脚跳，从起点跳到终点被视为完成。还有一种玩法是从起点跳到终点然后再回到起点，中间不能停。在游戏中必须把瓦片踢入指定的楼层方才有效，跳错楼层必须重跳。在踢跌子时不能踩线，不能踢出格，否则就算出局。胜负依据完成的时间进行评判，用时少者胜。

笔者也玩过这种游戏：单腿着地，提着脚一格一格踢完，还要不踩线。在小时候，笔者因营养不良，做这种单腿运动的游戏比较吃力。要有体力，还要心细才能玩好这种游戏。

第九章 老游戏

乌金烂泥枪

做乌金烂泥枪

  一晃几十年过去了,现在人民的生活水平大大地提高了,小孩子的玩具和游戏也发生了质的变化。现在的玩具不乏高科技产品,然而,在笔者的记忆里,最难忘的玩具还是那乌金烂泥枪。男孩子天性爱枪,能摸一摸真枪就会感到十分自豪,没有枪就自己做,哪怕是用乌金烂泥做。

  做乌金烂泥枪一定要选好泥。学校对面的黄泥坝小桥头的河埂下,还有铁路洋桥北边的芦苇荡里的乌金烂泥最好,乌得仿佛是用墨汁调和而成。别以为那里到处都是乌金烂泥,只有一小段河床下才有,露在外面的经风吹过的不可用,一定要向河床里面深挖,挖到黑黑的、黏黏的新泥才行。

  在河滩边、芦苇荡旁挖出的乌金烂泥是生的,而且较硬,需要掺水弄软,揉捏做熟。一

般不掺河水，而是用盐水拌泥，这能让乌金烂泥风干后更为坚固。接着在石板上锤打成方块，并按手枪的大小和形状切出雏形，再修出立体的枪管、扳机，枪柄上还要刻出花纹。做出的枪型随男孩们心中手枪的形象而定，有五四式、驳壳枪、左轮枪、勃朗宁等，各式各样，每人都会做上几把，但没有一把枪是相同的。做出的枪风干后，再用涂了蛤蜊油的蛤蜊壳反复打磨，待表面磨得锃亮后，这把乌金烂泥枪就算做成了。有乌金烂泥枪的小朋友将枪握在手里，那种成就感难以言表，不免被周围的小伙伴投以羡慕的目光，就连晚上睡觉也要把枪藏在枕边。谁做成了乌亮亮的手枪就会向同伴显摆，同伴之间会比枪的质量、造型、光亮程度，各说各的好。一帮伙伴握着乌金烂泥枪，有的还在腰间别上一两支，耀武扬威地满街转悠，那神气劲就甭提了。

那时伙伴们玩枪很疯狂，把枪带到学校，下课抓紧时间擦。记得有一次，一位同学正闷着头用蛤蜊油擦枪，刚好老师经过，这家伙知道情况不妙，头死死地低着，想把手枪藏起来。老师如老鹰抓小鸡般将这家伙的耳朵一拎，他只能乖乖地站起来，全班顿时哄堂大笑。老师从桌洞里掏出一把乌亮亮的手枪，本想当场摔碎，以儆效尤，但举在手中端详半天后，可能因为手枪实在太精致，所以没舍得摔掉。

转洋盘

说到转洋盘，现代的年轻人肯定不知是什么，其实转洋盘和套圈圈一样都是旧时专门"骗小佬"的一种常见的行当。

转洋盘，俗称转圈圈。旧时常见在学校门口、电影院边上、闹市弄口等地方有老头摇着摇铃，挑着担子，担子前面有个方正的"洋盘"。盘面上画着彩色的放射状指线，在盘中的指线上放一些糖果、毽子、弹子、洋片、泥人、娃娃、哨子等。盘的中间竖了一根小立柱，柱的顶端绑一根横竿，竿头上系一根粗棉线，棉线穿上一根钢针。想玩的小朋友（也有大人）出几个铜板，商量好转几次，然后用手一拨，竿子转动，等竿子停住后看针所指的位置上是否有物品，如果"中"了，就赢取指线上的物品，否则就是空门，钱就白花了。

笔者小时候在校门口玩过这种洋盘，当时用三分钱，和老头谈好转三次。本以为这玩意儿肯定比套圈圈来得容易，可是转了三次，三次空门，只能自认倒霉。那转洋盘的老头于心不忍，在笔者离开时还送了一颗糖，这让笔者感动不已，可是小伙伴却说："明明有一次你转中了一个泥人娃娃，我发现那老头儿用手在盘底下动了动，不知为什么。"等到第二天上课前，

第九章　老游戏

转洋盘

小伙伴们特地早点去仔细观察,发现只要指针转到物品时,那老头总要将手向盘底下伸去,而指针不在物品面前时,他的手总是放在盘上。伙伴们还发现伸下的手中始终有一块黑色的小石块。后来大家才弄清楚那是吸铁石,当指针在物品面前时,只要用它一吸,指针就会偏斜。许多小朋友都认为是自己运气不好而没有转中,不知其中有此奥秘,了解情况后,笔者再也不去转洋盘了。

笔者长大后才明白为什么这个专门"骗小佬"的生意会取名叫"转洋盘"。原来常州人称上当受骗的人为"洋盘"。由此可见,这种游戏其实也是一种小骗局。现在骗人的转洋盘已不见了,但各类有害的电子游戏却不少,不仅消耗青少年的钱财,更毒害下一代的身心健康,所以国家应该严格加以管理。

弹弹子

弹弹子

弹弹子,也称打弹子,是二十世纪五六十年代的儿童普遍玩耍的一种游戏,凡是那个年代出生的男孩子大都玩过。

南方人称弹弹子为打弹子,北方人则称之为打弹球。不管南方北方,弹弹子是广受欢迎的儿童游戏。笔者玩弹弹子是从二十世纪五十年代末开始的,当时周围许多小朋友口袋里都藏有几颗玻璃球(直径大约2厘米),有透明的水晶球,还有内部带花纹的花弹子。笔者得到的第一颗弹子是同桌给的,只要帮他每天完成三页的写字作业,就可以得到一枚弹子作为报酬。笔者为他做过好几次"枪手",也得到了好几颗玻璃弹子。当弹子攒到一定数量时,同桌又教笔者怎样弹弹子。

在笔者似懂非懂地学习弹弹子的过程中，一下子将写作业得到的弹子轻而易举地输给了同桌。同桌还煞有介事地说："没关系，你写字快，我们还可交换，等你会玩弹弹子后再赢过去。"可是同桌是弹弹子高手，笔者哪是他的对手，永远也赢不了他，等来的就是每天为他写作业。不过在写作业过程中倒练就了一手好字，看来还要感谢弹弹子呢！

弹弹子时要在泥地上摆出各种方阵，有单打、双打、群打等玩法。先在地上画一格子，每人放一颗弹子，轮流弹击，谁先将格子里的弹子弹出，弹子就归谁。还有一种"摆渡"的玩法，一对一玩，击中对方，或将对方弹子弹入泥土洞者即为赢家。各个地方玩法不同。弹弹子"狠"、水平高的小朋友，有时一次玩下来能赢上满满一口袋玻璃弹子。

弹弹子和弹皮弓一样，可以让孩子从小练习手眼配合能力，也可培养动手动脑的能力。笔者后来做过调查，凡在小时候弹弹子特别厉害的，长大后的工作能力大部分都比较强。如今，弹弹子这样的益智游戏已不容易见到了，期待它有"复兴"的一天。

拍墙头

"拍墙头"这个游戏的名字很好玩，怎么墙头也能拍着玩？是的，这是男孩和女孩可以共同参与的游戏。

游戏开始前，先要选一处墙面平整，可以容纳好多个孩子共同游戏的场地。孩子们经过公平竞争，选出一位拍墙头的玩主。这位玩主必须面朝墙壁右手拍墙，其他玩伴站到远处，与他保持5米的距离。玩主用手拍墙，同时嘴里喊"一、二、三"，然后突然回头看后面的同伴有谁在向前移动，如拍墙者发现有人移动，就报出姓名，移动者就算出局。出局者成为新的拍墙者，来到墙前，继续拍墙，而第一位玩主即刻归队，与大家一起游戏。

第二位拍墙者必须遵守游戏规则，嘴里喊"一、二、三"，然后突然回头看后面的同伴是否有脚步向前移动的。如果未发现就继续叫"一、二、三"，让玩伴一步步向前。等到所有玩伴离拍墙者只有一步之遥，拍墙者回头拍墙时，同伴中有一代表会突然拍一下拍墙者的肩膀，这表示拍墙者失败了。然后回到游戏刚开始的状态，重复这个游戏。反应敏锐的孩子上去玩一会儿就能发现移步者，从而让他取代自己拍墙头；而反应迟钝的孩子怎么也发现不了移步者，往往成为游戏的输家。

这是一项非常有趣的集体游戏，可以提高孩子们的凝聚力，培养孩子们的团队精神。

中国风俗图志·常州卷

拍墙头

跳乌龟

跳乌龟又名"跳小鬼",是个勇敢者的游戏。这里的乌龟龟背,是指小朋友们的背。跳乌龟时,扮演乌龟的人胸朝下,腰弯着,背朝天,腿绷直,双手撑在膝盖上面,让弓起的背部形如龟背。"龟背"的高低,取决于"乌龟"个子的大小和撑手处的高低。人从"龟背"跃过,即为跳乌龟。

这种游戏一般是较大的儿童玩。游戏时,大家排好队,由第一个人首先弯腰呈九十度,双手撑腿,代表乌龟。第二个人要从弯腰人的背上跨跳过去。起跳前,可以先助跑几步,然后双手撑弯腰者的背,从背上跳过去。起跳瞬间一定要抬高双脚,才能跳过去,这不但要求胆

跳乌龟

大心细,更要动作协调。如果第二个人没有跳过去,他作为第一个人的替身,由第三个人接着跳,以此类推。这是一项有一定危险,又非常有挑战性的体育运动,类似于现在的跳马,能培养孩子们的胆量和毅力,更能增强孩子们的自信心。在阳光不充足的冬日里,跳几次乌龟下来,人就暖和了。

还有一种玩法——大家都做"乌龟":第一个跨越成功的,要立刻向前跑一段并蹲下做第二个"乌龟"。跳过前两个"乌龟"的做第三个"乌龟"……直到第一个乌龟也起身开始跨

中国风俗图志·常州卷

笃砖头

越,如此循环往复。人多时,围绕房屋的砖地上能排上大半条道的"乌龟"。

行列中一个"乌龟"出现问题,整个队伍的流动就会不畅。因此,这种玩法非常有利于培养大家的集体观念、团队意识,形成互帮互助的良好氛围。

笃砖头

笃砖头也称丢砖头、扔砖头,常州话叫"笃砖头",还有一种时髦的叫法是"打顺牌"。

这种游戏就地取材,简单易玩。小朋友在上学途中、放学回家路上,总要抽出一点时间,玩上一会儿。玩笃砖头时,找一块场地,随手拾几块砖头,将其一字排开,竖在前面。几个小

第九章 老游戏

掩蒙蒙

朋友站在四五米以外的线上,手持砖块,轮流丢向前面竖着的砖块,把砖头全部撞倒者获胜。输者重新将砖头竖起,赢者可以继续丢,谁撞倒的砖头多,谁就是最后的胜者。

另一种玩法:分甲乙两组,过10关。在这10关中,游戏者分别要利用头、手、脚、肩、背、膝等部位以顶、夹、背、提、扔、丢等方式投掷出自己的砖块,把对方竖立的砖块击倒为胜。这游戏不仅有趣,还能锻炼孩子的体力和毅力,可惜现在的孩子不玩这个游戏了。

掩蒙蒙

掩蒙蒙又称捉迷藏。捉迷藏恐怕是以前最普及的游戏了。之所以称"最",是由于它简便易行,不需要任何器械。在那贫穷的年代,这种不需要任何成本的游戏自然最受欢迎。

这个游戏玩者人数不限,通过"搓搓连格搓"猜拳的形式,来确定一人为寻找者。寻找者先面朝墙壁捂眼,或自觉地闭眼不看,藏的人一哄而散,四处隐藏。稍过一会儿,寻找者喊:"藏好了吗?"一般谁也不会答应,偶有确实未藏好的回应道:"还没呢!"对方就会嘟囔:"真磨蹭,快点!"去躲藏的小朋友们各显神通,有的藏在门角落里,有的躲在墙角,还有的干脆钻进门口的废箩头中。虽然小朋友们都近在眼前,可这种种障眼法会蒙蔽寻找者,因为"越是危险的地方越安全"。待他们都藏好,寻找者就开始行动了。而躲藏的小朋友会乘其寻人之际,立即回到开始指定的墙前——"归家"。被发现藏身之处,或不按时"归家"的小朋友,就成为下一个寻找者。

以前的老街弄,破屋荒院居多,是最佳游戏场所。明堂园子、天井柴垛都是藏身首选地,甚至鸡窠厕所也是经常用来躲藏的地方。一般晚饭后,孩子就会自动集合在家门口电线杆下,人一到齐游戏就开始。寻找者不需太多技巧,耐心仔细就是了。有时候遇到很难找到的,寻找者也会故弄玄虚地喊一声:"我看见你了,出来吧!"偶尔还真能唬人,骗出几个来。

斗蟋蟀

一提到斗蟋蟀,笔者耳边就会响起蟋蟀"曜曜曜"的叫声,捉蟋蟀、斗蟋蟀的场景永远留在笔者的脑海中,成为美好的回忆。

常武地区称蟋蟀为"蛐蛐",有的地方也称之为"促织"。

蟋蟀主要出现在立秋后的三个月,而八、九月两个月是捉蟋蟀、斗蟋蟀的最佳时候。小时候笔者经常跟大孩子们在院里或操场上的草堆里、弄堂的角落捉蟋蟀,因为这些地方是蟋蟀的藏身之地。夏末秋初的清晨或黄昏,伙伴们会顺着蟋蟀的叫声,猫着腰,蹑着脚,循声翻砖块,拨开草丛,挖出墙洞,通过捅、挖、拔、掘、灌水的方式,将藏在洞里的蟋蟀赶出来,眼疾手快地用蛐蛐罩网住。来不及用蛐蛐罩的话,只能徒手抓,但这样容易伤害蟋蟀的须和针。一旦蛐蛐落网,会立即将它们装入纸管或竹做的蛐蛐管里,回家后再装入蛐蛐盆

第九章 老游戏

斗蟋蟀

里,精心养护。待到它们适应环境,恢复元气后,就可以开始准备斗蟋蟀了。

斗蟋蟀又称"玩虫""斗虫"。蟋蟀赛,旧时称为"秋兴局",背后都有专人操纵,大多是以赌博为主,是一场雅俗共赏的表演,更是一场惊心动魄的争斗。

将两只蟋蟀放入事先准备好的盆中,当它们相遇时,凶猛的一只会猛振双翅,给对方来个下马威。决斗中,它们头顶、脚踢、钳咬,在草的挑拨下,形成对峙格局。突然一只蟋蟀蹬足鼓翅,咬住对方的腿,一甩,将它甩出盆外,然后鼓翅大声鸣叫。成为胜者的一方往往大有盛气凌人的架势,而败者则东跳西躲、局促不安。

官兵捉强盗

从古到今,许多人都喜欢斗蟋蟀,并有《促织经》流传下来。特别到了白露时节,蟋蟀沾了露水就更加凶猛,随即"秋兴局"也到了高潮。现在有的地方传承了斗蟋蟀的文化,拓展了蟋蟀的交易市场,一只好的蟋蟀身价会百倍、千倍甚至万倍地上涨,而它则成了"虫中精华"。

官兵捉强盗

二十世纪五六十年代,小朋友们流行玩一种"官兵捉强盗"的游戏。该游戏有两支各由6—10人组成的队伍,在公平的规则下进行角逐。

开始游戏时，所有人被平均分成两组，一组为"强盗"，另一组则是"官兵"。两组各有一头领，各选一棵大树或一根电线杆为大本营，"强盗"在事先约定的范围内任意跑动，"官兵"的任务就是去抓这些"强盗"，只要在其身上拍三下就视为抓住。被抓住的"强盗"只能待在"官兵"的大本营里，即必须保持用手触及那棵树或那根电线杆的姿势。没有被抓住的"强盗"则可以去营救自己的伙伴，只要他们能在营里"强盗"身上拍三下，被困的"强盗"就可以重获自由。如果"强盗"全部被抓住，则双方身份对换再来一局。这个游戏所需场地范围大，难度也大，有时往往难分胜负。

这是一种运动量很大的益智游戏，需要知道怎样埋伏、围捕，知道怎样声东击西等，还要有服从命令、相互配合的团队精神。许多小男孩天天下午放学后都要玩上一回，直到天黑才回家。笔者小时候，一次大家相约星期天去青山桥玩。那时那里是一座木桥，周边全是弄堂，在这里，十几个小朋友被分为两组，拼命地跑，尽情地奔，汗流浃背也全然不顾。一晃几十年过去了，一道玩"官兵捉强盗"游戏的小朋友们都已年过花甲，不知现在都还好吗？

玩啪啪管

啪啪管又称"噼啪管"，还有的地方称"竹管枪"。这是一种又土又简单的玩具，它的名称来源于游戏时发出的啪啪声。

快到放暑假的时候，啪啪树上的啪啪籽便成熟了，一个个长得结实可爱，害羞地躲在圆圆的树叶后。孩子们早就准备好了，将它收集起来作为啪啪管的"子弹"。然后选一段细小的竹子，截取大约20厘米长的小竹管，一头留一节疤，另一头贯通。接着用一根竹筷，在竹管节疤上打个洞。再将筷子插入竹管做成推棒。筷子要用小刀把圆的一头削细，以正好插入啪啪管为宜。接着从裤兜里掏出爬树采下的啪啪籽，塞进竹管里，用筷子用力一顶，便会发出啪啪的声音，还会冒出绿色的烟（或许就是啪啪籽的皮及碎屑吧，但小朋友更愿意相信那就是烟）。有时还会做成双响的，即用橡皮胶带或电工胶布绑住两根竹管，再削两根筷子做推棒。据说还有三个竹管绑在一起的，还有可以连发十几下的。还有一种"子弹"，刚好黄豆大小，是柏树的籽，将其装入竹管内，同样可以打出啪啪的响声。过了夏天，啪啪籽没有了，就用毛边纸或旧报纸浸水后做子弹。玩游戏时，孩子们分成两组互相射击，有的躲，有的射，噼噼啪啪，响声四起，好不热闹。只要有机会，男孩们最喜欢玩这种

啪啪管

啪啪管游戏了。

　　这种游戏能锻炼孩子们的动手能力，但玩游戏时，一个不当心就会将啪啪籽打在小伙伴脸上造成伤害。现在的孩子有各种塑料枪玩具，也就没有人去做和玩啪啪管了。

削水片

　　江南的城市里，除了一座座石桥连接着的街巷，就是随处可见的河道。

　　小时候笔者的家里吃用的都是取来的井水和河水。由于家中没有井，我们就到不远处的通江河里去挑水。笔者和哥哥那时每天的任务就是放学后到河滩头挑一担水回来倒在水缸

削水片

里，然后加明矾澄清后饮用。为了缓解每天挑水时的枯燥，笔者和哥哥总喜欢在河边码头来一番削水片的游戏。

笔者和哥哥一到河边，就会将提桶、扁担往地上一搁，先在河滩上拾许多碎瓦片，左手拿着这些瓦片，右手就一个一个地往水中削去。一般技术好又力气大的小朋友，能让瓦片在水面上跳跃好几次，而技术差的小朋友只能削出一两个水花，技术更差的甚至无法让瓦片跃出水面。刚开始时，笔者也只能削上一两个水花，后来经过反复试验，多次削掷，终于明白削水片的诀窍有很多。首先要采用蹲式，右手削得要低，瓦片入水的角度越小就越能跃出水面，还要顺风削，使的劲要匀，入水要果断，这样才能削得更远。选择瓦片也很讲究，瓦片不能太厚，太厚的削不远；也不能太轻，太轻的虽然阻力小，但冲击力不够。最好的削水瓦片是

5—7厘米见方的江南特有的本瓦,这样的瓦片入水轻盈,穿透力强,能一次削出5个以上的水花。

记得小时候笔者因为削水片玩得好,还让好多小朋友替自己扛过水呢!当然这些都是半个世纪以前的事情了。如今,童年时流淌的河流,早已被高楼大厦取代,但那些削水片的场景,实在值得人们去回忆。可以说,江南水乡不但养育了我们的体魄,更滋润着我们的心田。

第十章 老市井

卖兰花

卖兰花

  过去一到夏天,总能听到街头巷尾传来那吴侬软语的吆喝声:"哪个要买白兰花啊?哪个要栀子花、白兰花?"这种叫卖声是古城里南腔北调、五花八门的叫喊声中最好听的。这吆喝声从远到近,又糯又甜,当见到头戴蓝印花布头巾、手挎竹篮的卖花佬时,还会闻到阵

阵白兰花的清香。

笔者小时候听不懂苏州话,总是缠着母亲说:"卖拔兰花,兰花拔出来不是要死吗,怎么还能卖?"可母亲说:"是白兰花。"笔者这才明白,苏州话的"白"读作"拔",这就是方言的魅力。

母亲最喜欢夏天买白兰花挂在蚊帐中,有时还会将白兰花挂在衣服的纽扣上,这样就走到哪里香到哪里。

为什么卖花女都是苏州人呢?其实这些辛苦的卖花女都是来自苏州虎丘一带的花农。她们平时在家栽培兰花,到了花期就摘花,做好保鲜保湿,然后在周边城市沿街叫卖。这样卖花要比卖给大客户赚得多,所以到处可以见到卖白兰花的苏州女子。

卖花女引起了人们的好奇和好感,也成了诗人作家的题材。曾有诗词描绘卖花女:"生小吴娃脸似霞,莺声嚦呖破喧哗,长街唤卖白兰花。借问儿家何处是?虎丘山脚水之涯,回眸一笑髻鬟斜。"

一个卖花女,从苏州的虎丘赶到江南各地,舟车劳顿不说,还要沿路叫卖,食宿花销也只能从一朵朵小小的花中赚取,所以卖花女的辛酸是可想而知的。现在想要听到"卖白兰花"的细软吆喝都难,更别说再闻到那白兰花的香气了。真希望能再一睹"怜他齿颊生香处,不在枝头在担头"的诗画场景。

大灶头

记忆中的大锅饭特别香,特别好吃。因为它是从灶头上烧出来的。大灶头,一直陪伴着笔者的童年。

江南家家都有一个大灶头,大灶头很实用,做工还很讲究。灶头有单眼和两眼、三眼的。灶台一般做成腰子形,一个烟囱直插屋顶,灶台上有两个大锅,一个烧饭,一个炒菜。在两个大锅中间还有一只井罐,俗称锅镬,是专门利用灶头的余温烧热水的。灶台是用青砖砌的,后面是两个灶门,是柴草的进口。灶头上的灶壁很有讲究,有的人家还在灶壁上筑个灶王爷,用米祈求平安,考究点的人家还在灶身上绘些灶头画。

大灶头上烧的饭菜为什么特别好吃呢?因为大灶头烧饭热量高,锅大。在大铁锅里烧饭,只要放一只井架,就可在饭锅内蒸其他菜,如蒸鸡蛋、蒸扣肉等。值得一提的是如果在大锅里蒸米饭,饭盛完后留在锅底的锅巴又香又脆,别有风味。笔者特别喜欢吃母亲在灶头上

第十章 老市井

大灶头

的大锅里摊的饼。大铁锅烧热后倒入豆油,将面糊往锅里一倒,只听嗞的一声,母亲麻利地用铲刀在锅里一转,一会儿,一块又薄又脆、香喷喷的锅摊饼就做好了,再在上面撒些葱花、盐花,真是好吃。

笔者家里的大灶头最忙的时候要数腊月。腊月二十四要供(祭祀)灶王爷,有时父亲会说上几句"上天言好事,下界保平安"。第二天家家户户就要做团子、馒头准备过年了,大灶头上一会儿蒸馒头,一会儿又要蒸团子。此时笔者也围在灶头边,一会儿添柴加草,一会儿拌馅。看着笼里的热气往上腾,大人总是警告我们不能乱说话。蒸熟的馒头和团子出笼后放在匾里,点上红,十分好看,圆圆的,馋死人。冬天里大家最喜欢做火头军,一是因为可以烘烘火、取取暖,二是因为还可以在灶膛里烤个山芋什么的解解馋。

大灶头早已在我们的生活中消失了,可许多人总忘不了它。它是充满人间烟火气息的地

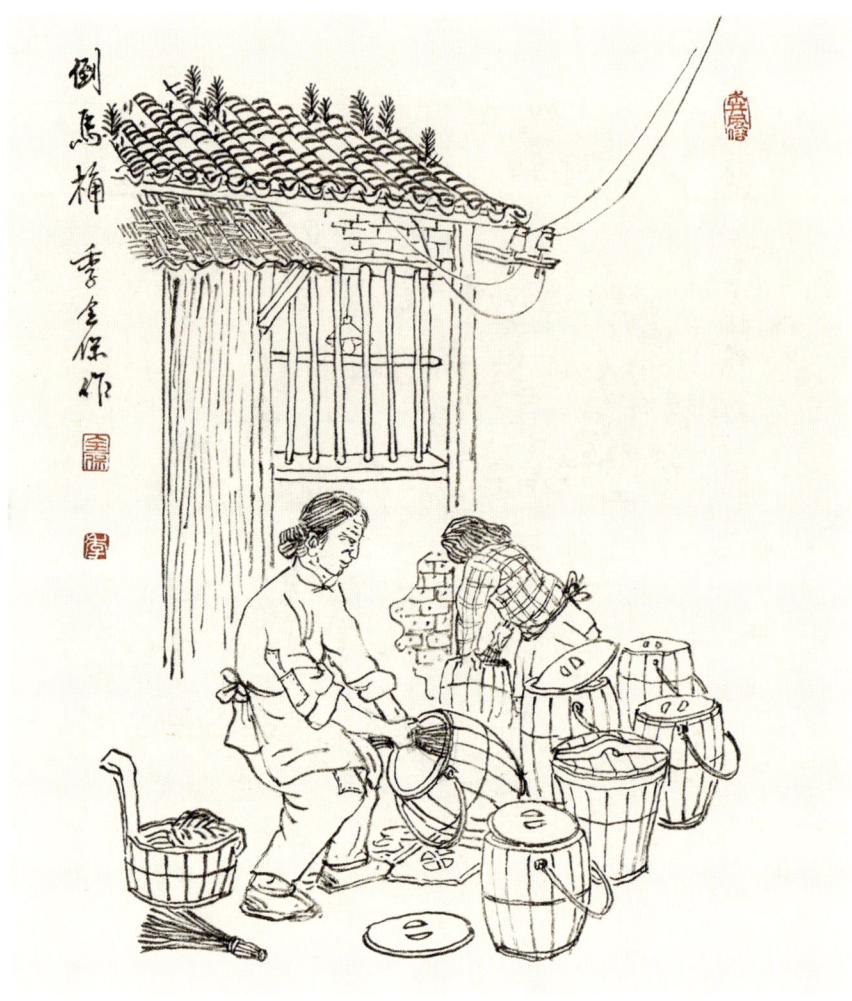

倒马桶

方,而且还是弥漫着家乡美食香味的地方。那一缕缕的炊烟、那香喷喷的饭菜永远留在了江南人的心中。

倒马桶

百姓生活离不开吃喝拉撒。对于江南家庭主妇来说,每天早晨,开门第一件事就是倒马桶,有的自己倒,有的请人倒,于是就出现了以倒马桶为业的人,这些人被称为"收粪佬"。

每天清晨,各个时间段会有不同的收粪佬上门收粪。有的是用粪桶放在街头巷尾来收粪。过去马桶是家庭中重要的用具,女人在家里用马桶,男人找不到茅坑,就只能在巷底墙角随时"方便"。在老常州的市中心,有一个地方叫"陈茅坑弄"。为何叫"陈茅坑弄"呢?有个顺口溜能回答这一问题:"吃茶三万昌,撒尿双桂坊,捏着鼻头走,绕过陈茅坑。"原来弄口有个茶馆店,吃茶的全到这里小便,久而久之这里就变成茅坑弄了。

每天一大早收粪佬会叫:"噢——收粪咧,倒马桶——啊!"只见一个挑粪佬将两只粪桶放在街角,这时街上就充满臭气,然后倒马桶佬抢着倒、涮、洗、晒。

最苦的就是为人家集中倒马桶的"老阿姆"。她们一人一天要倒上数十家,早上人家将马桶往门口一放,她们要一家一家将马桶收集到一起,等收粪佬来了,赶紧抢先倒,要不粪桶满了,会影响下一家倒马桶。

粪桶满了后,收粪佬要将它挑到河边,将桶里的粪倒入粪船,再回来继续收粪。"老阿姆"倒完马桶,要涮马桶、洗马桶,然后再将马桶一个一个放到主人家门口,晒马桶。"老阿姆"挣的是辛苦费,每个马桶的主人每月会付上一两元作为报酬。她们只有靠多倒马桶,才能多赚钱维持生计。

换糖佬

记忆中的换糖佬,总会挑一副竹箩筐,筐上各配一只长方形的木板,板上盖一块白布,白布下面便是一大块白白的麦芽糖。麦芽糖俗称"饴糖",也称"糖坨坨"。在那物资匮乏的年代,麦芽糖是孩子们最喜欢吃的零食之一。只要听到街巷中"当当当"的铁板敲击声,大人小孩就知道换糖佬来了,小孩有糖吃了。过去小孩吃的麦芽糖,就是用旧衣服、牙膏壳等废品换的。这恐怕也是当时江南一带残存的以物换物的原始交易方式之一了。

换糖佬一来,放下担子,就会有许多家庭妇女和小孩围上来。接下来换糖佬就招呼大家回去将废铜烂铁、破布筋头、棉絮鞋袜、套鞋塑料、玻璃橡胶等各类废品拿来交换。换糖时不谈价格,都靠估算。只见换糖佬左手拿小铁铲,右手持小铁锤,把小铁铲放在糖块上用力敲凿,就将一小块麦芽糖敲下来。笔者有时也会躲在别人后面,等人都走开后,将藏在口袋里的牙膏壳拿出来,将还未用完的牙膏挤掉,和换糖佬做交换。换糖佬童叟无欺,将糖块凿下来后,让小孩自己取,孩子们通常会嚷:"饶一块,饶一块。"于是就再添一点,孩子们还会再说:"再饶点。"换糖佬故意说:"不能饶了!"孩子们最后会说:"换糖饶三饶,勿饶要断腰!"等饶过三饶后,换糖佬就挑担离开,嘴里还念念有词:"换糖三头饶,再饶烂舌头。"他边走边敲小铁铲,"当当当"的声音也消失在巷弄中。

过去换糖饶三饶的习俗,不但不庸俗,反而生出许多趣味来。通过换糖,换糖佬将收到

换糖佬

的废旧物品,分门别类地再转卖到各种作坊,或改制后重新出售,而老百姓能将原来属于废弃物的旧货换块麦芽糖给孩子们"甜甜嘴,煞煞馋",也就心满意足了。

如今已很难再见到换糖佬了。因为时代在发展,废旧物品也越来越多,越来越大,旧家电、旧家具、旧报纸、旧箱包等都是一卖了之,那种换糖的趣味再也找不回来了。

看小书

常州人喜欢读书是有名的,人们不但在室内读,还在外面读,不但大人看书,小孩子也热衷看书。难怪这座城市被称为"千载读书地",这的确与全民读书是分不开的。

笔者小时候就最喜欢在外面小书摊上看一分钱一本的小书(连环画)。因为未上学,还不识字,小书就成了最好的启蒙老师,久而久之,就养成了读书的习惯。

以前的小书摊一般摆在校门口、公园等热闹的公共场所。摆书摊的会选一块空地或一面墙,在木架上摆放许多小人书,书架旁边有一两张长凳或小凳,或者在小木门板或竹床上摆放许多传统的小书,如《三国演义》《水浒传》《西游记》等,还有其他题材的。小书摊的读

看小书

者一般以孩童为主,也不乏不识字的年长者,他们往往乐此不疲。

许多孩子一放学,首先拥到学校门口的小书摊前,花上一分钱,可以看一本再租一本。有时候几位同学围着看,还有的小孩将看完的小书换着看,这样花上一分钱可以看上好几本,但看的时间长了摊主就会赶人走。也有小朋友租回去看,那种费用就高多了。

笔者最喜欢看的小书就是连本的《西游记》《铁道游击队》等,有时为了看完其中的某一本而不惜久久等待,回到家时,天也黑了,往往遭到大人的责备。后来笔者下定决心,将压岁钱攒够了去买小书,所以直到现在还藏着许多儿时的小书。从看小书到自己画小书,小书摊为我起到了启蒙的作用,可以毫不夸张地说,小书摊不知滋养过多少后来成为作家、艺术家的少年。

一个个小书摊就是一所所传播知识的大学校,它们曾是江南的风景,更是江南人的精神寄托。这种小书摊到二十世纪七十年代后就慢慢地消失了,但它在老一辈人的记忆中却始终挥之不去。

乘风凉

江南的夏天,到晚上非常闷热,所以在没有空调和电扇的年代,乘风凉是夏夜家家户户的集体活动。日落西山后,人们把各家的门前空地打扫干净,洒了水,搬出躺椅、竹床、门板、长凳等,一派壮观的乘风凉的场面就出现了。

天慢慢地暗下来了,人们也吃罢晚饭,洗完了澡,来到了乘风凉的场地。虽然空气里没有丝丝凉风,但看着乘风凉的场面,人们也将一天的暑热和忙碌慢慢遗忘,让心境宁静下来。此时最开心的要数孩子们了,他们有的在黑暗处抓萤火虫,有的捉迷藏,但大多数孩子都缠着大人们讲故事。故事讲得最好听的是上了年纪的老爷爷,他们往藤椅上一坐,左手拿一杯茶水,右手摇着芭蕉扇,故事就开场了。他们谈古论今,每天讲的故事都不一样。男孩子喜欢听"水浒""三国"系列故事,女孩子喜欢听妈妈讲的"窦娥冤""孟姜女"等故事,当然还有些胆子大的小孩老是缠着大人讲鬼故事,也就是"聊斋"故事。还有的大人教孩子们唱童谣:"亮摩摩,星星出,婆婆烧饭公公吃。公公吃到一粒砂,打得婆婆扁之渣。"笔者学得最多的是:"东头牛来咧,西头马来咧……""萤火虫,夜夜红,公公挑担卖胡葱……"母亲每年要教孩子们好多老歌谣,所以乘风凉也是笔者小时候学歌谣最好的时候。几十年后笔者还将当时学的数十首歌谣编入《常州老歌谣集》这本书。

笔者从小胆小,只敢听大人讲"孔孟读书"和唐伯虎、祝枝山的故事。当然最爱听的还是对门复员军人徐同志讲解放战争、抗美援朝的故事,那可真带劲。虽然徐同志没有多少文化,但讲起打仗故事来绘声绘色,将当时的战斗场景讲得十分感人。

一般条件好的人家乘风凉时会在天黑前从井里打一盆水,浸上一个西瓜,到了夜晚,全家围坐在一起吃着西瓜消暑解渴,那才叫惬意!

笔者喜欢仰躺在凉凉的竹躺椅上,面对满天的星斗,凝神遥望。那时天空明净,繁星满天,时而有流星掠过,在天幕上留下长短不一的光迹。

夜深了,人们都倦了,有的人家收起卧具椅凳回屋睡觉了,还有的就干脆用一条被单一裹,在旁边的上风头上点一圈蚊香或驱蚊的艾草堆,空气里丝丝缕缕的蚊香或艾草味就会

第十章 老市井

乘风凉

驱跑蚊虫,让辛劳一天的人们安然入梦。

如今家家户户都安装了空调,但二十世纪五六十年代乘风凉的场景仍历历在目,变成一代人永久的美好回忆。

生炉子

一提起生炉子,笔者眼前就会浮现出昔日的一幕幕情景。常州人称生炉子为"嘎炉子"。为什么会叫"嘎炉子"呢?大概是因为生炉子要用破的蒲扇嘎啦嘎啦地扇出风来,炉子才能生得旺吧。

煤炉已经离开我们的生活很多年了,记得笔者最后一次嘎炉子是在1989年。当时笔者已住进红梅新村好几年了,这个新村是全市的样板房,但是每家每户还总在门口安放一只煤炉来炖煨食物。当时虽然已经用上了瓶装煤气,但是因为贵,一般人家舍不得用,平时烧水之类还是用煤炉。到了冬天,煤炉边还可以烘烘小孩子的尿布。一眨眼30多年不用煤炉了,但生

生炉子

炉子的场景还是历历在目,就像在昨天一样。

笔者上小学时就学会了生煤炉,母亲还因此表扬说:"穷人的孩子早当家。"生炉子是有许多诀窍的:首先要学会看风向,炉门要对着上风口,这叫借东风;炉膛不能有余灰,柴火要干燥,最好用硬柴;引火的软柴也很重要,可以用刨木花、旧报纸;一定要等硬柴燃烧旺了以后才能将煤球往上放;无风的日子,就要用扇子扇风,当然如果学会动脑筋,就可以用一个旧热水瓶壳子做烟囱管,它能起到导烟的作用。

第十章 老市井

叫翼只

叫翼只

过去笔者一直将"蟋铃子"和"叫翼只"混淆,长大后,自己养了"蟋铃子"和"叫翼只",这才将它们弄明白,分清楚。

蟋铃子属于蟋蟀科直翅目,体阔扁,瓜子形状,颜色呈灰黑,长度约20毫米,叫声为"丁零丁零",悠长而清脆,所以大家都称它为蟋铃子。蟋铃子一般产于热带、亚热带地区,如海南、福建等地。

蝈蝈,又称"叫哥哥",常州人称它为"叫翼只"。它腹部大,翅膀短,绿褐色,善跳跃,喜欢吃植物的叶子。雄的叫翼只在翅前有发音器，叫声为"叽叽叽"，清脆而响亮。

过去，一到仲夏，常见到有乡下人挑着担子，担子里的小竹笼里装着数百只"叫翼只"。大家只要听到叽叽叽的声响，就知道卖叫翼只佬来了。许多人会花上几分钱买上一两只，或给孩子玩，或放在门窗上让它叫个不停。这些叫翼只好养，只要喂些菜叶子、饭粒、南瓜就能养到冬天。夏天里的黄昏，它叫个不息，倒也给人们的夏日增添了许多乐趣。而且民间认为让孩子们听叫翼只的叫声，可防止疰夏。其实，这有节奏的叫声，更像是为孩子们演奏的催眠曲。

还有一种昆虫叫"纺织娘"，也叫"织布娘"，是直翅目热带性昆虫，夏天常栖于树枝上、草丛中、瓜田里，喜食桑叶。织布娘一般为绿色，也有褐色的，发出"轧织轧织"的叫声，没有蟋铃子和叫翼只的叫声响亮。由于它的鸣叫类似过去的脚踏织布机的响声，因而得名。黄昏时它叫得最有劲、最响亮。

现在人们住在城里，听到的鸟鸣虫叫越来越少了。静下心来，泡上一壶清茶，听听蟋铃子、叫翼只、纺织娘的叫声，能给现代的城市生活增添不少乐趣。

看风水

除了算命、占卜、看相，看风水也是旧时社会五花八门的行业之一。干这行当的，有好多种形式，有流动的，也有固定的、设摊的。

旧时，看风水佬会在庙宇前集市中设摊，在地上铺一块布，打一块幔，上写"触机""测灵""指点迷津"等词句。有的看风水佬身穿长衫，头戴瓜皮帽，摊案上放有笔墨纸砚，另有一个长方盒，盒内放若干小纸卷。他们喜欢吹嘘自己如何神机妙算，并以此招揽路人。这种看风水的人，能说会道，看见打扮富贵的就说"有福相，会有吉星"，看见面容憔悴的就说"凶多吉少，会有灾难"，说得人家惶惶不安。经不起游说的人就要请风水先生看一卦，甚至邀请他上门看风水，结果连环上当，风水先生以此赚取钱财。

旧时许多人家造房子前，要请风水先生。风水先生上门，在选址处左看右看，手里还要拿个罗盘东测测西量量。大方的主家会敬烟敬茶，条件好的还会上些点心，如果是条件一般的人家，就不敬烟敬茶了。碰到前者，风水先生往往会对主家恭维一番，并煞有介事地告诉主家选址在哪里、大门怎样开、屋檐多高、山墙怎样搭，一整套下来，主家就要付费了。这种费用是"红钱""喜钱"，因为造房子是喜事，多付点钱主人也愿意。如果碰到不敬烟茶者，

第十章 老市井

看风水

风水先生会说上一大套不吉利的话来吓唬主家,弄得主家忐忑不安。如果碰到新店开业的人,风水先生也会见机行事。有一老板开张,租房东的房子,不知能否生意兴隆,就请来风水先生一看究竟。风水先生一来就对老板说:"看风水,先测一字吧,请报。"老板姓辛,就报了一个"新"字,风水先生将"新"字拆开来写,"亲"的右边加了一个"见",又在"斤"字下加了一个"走",就说"一见就亲,发财就近"。老板听了满心欢喜,未料开业一年下来,不但亏了本,连房租也付不起了。

如果风水先生真的能看好风水,他自己早就顺风顺水了,还用得着整天在外奔波吗?

腌咸菜

腌咸菜

冬至过后就进入三九了,在农历的大雪后,江南一带基本上每家每户都要腌咸菜。这里所说的腌咸菜,就是老百姓所说的"踩咸菜"。腌咸菜分为水腌菜和风干菜,水腌菜就是踩腌菜。

过去人们的生活是慢生活,许多生活物资靠自给自足,俗话"糠菜半年粮,小菜自己酿",说的就是自己的日子自己过,不管清贫富裕,过好每一天。那时一年四季早晚两顿饭的小菜多以咸菜为主,所以入冬后人们都要自己腌咸菜,腌的品种有萝卜干、雪里蕻、大头芥、地生姜、莴苣等。水腌菜是日常生活的重头戏。

腌菜时，人们会先将买来的白梗菜放在空地上晒干瘪，脱去水分。这时只要是能晒菜的地方都要利用上，地上、墙上、屋檐下、窗边、门栏前，甚至梯子上、三帚架上。这时，到处都是晒的菜，场面十分壮观。菜晒上三天，然后拿到河边逐棵洗干净，最后在水缸中腌制。腌菜多的人家要腌好几缸。腌菜时，在缸中一层层地将菜排整齐，边撒上粗盐边踩。一般由男劳力来完成踩菜的活计，他们有的穿着套鞋踩，有的穿着草鞋踩，甚至有的赤着脚踩。男人们力气大，踩得透。一缸菜踩下去，男人们也是满头大汗的。踩完一缸菜后，要在菜的上面压上一块重重的石块。过几天，缸中就会有盐卤水渗出，将青菜都淹没。当盐水起泡时，说明里面已经发酵好了，也就可以吃腌菜了。此时，人们喝着新米熬的白粥，吃着嘎嘣脆的水腌菜，真是热在肚里，鲜在嘴里。

常武地区，除了水腌菜，还有腌风干菜。一般选用雪里蕻、芥菜（俗称奶奶头菜）腌风干菜。先将菜一棵棵挂在绳子上，放在屋檐下让风吹干瘪，然后洗净、晾干、切碎，放入瓮中，边放菜，边放盐，同时揉紧，用棒头戳实，最后用草茎塞严，将瓮倒扣在盛满水的塔钵里，不能漏气，过一段时间就可以取出来吃了。吃一口雪菜肉丝，常州人就会说："连眉毛也要鲜掉的。"

从科学的角度来说，腌制品不宜多食，但是腌咸菜已成为一种乡土情结、民俗风情了，偶尔吃点腌咸菜也能让生活更丰富多彩。

萝卜头

旧时，各行各业可谓五花八门，有一种专门帮助人家操办红白喜事的特种行业从业者，叫作"老仆头"，俗称"萝卜头"。说到老仆头，现在60岁以下的人已对此比较陌生。

在古城常州，老仆头又有城里城外之分，城里的老仆头又名"帮司"，城外的均称"萝卜头"。萝卜有红、白之分，他们也专为人们总揽红（婚礼、升迁）、白（葬礼）等事务。据史料记载，到了清代中期，常州城乡做这一行当的已形成了几个帮派，有东门的孙家、青果巷的刘家、鸣珂巷的丁家、大北门张家村的张家，而东门孙家和大北门张家知名度最高，也是人们争抢使用的。

一个领头的老仆头，手下有一大帮熟悉各种礼仪规程的老仆头，他们经常活跃在各个茶店酒肆，有的还在"堂家"来挂牌招揽生意，旧时在菜华堂、五福堂、九如堂等挂牌的老仆头就算是知名的了。他们兼做租售红白喜事用品的生意，租售用品有花轿、台帷、帐幔、彩

萝卜头

球、灯饰、烛台、神具、法器、寿衣、麻裙、材罩,甚至棺材。他们还出售金字、炮仗、寿幛、旗幡、软硬版位等物品。

  一般老仆头接到活计后,会受主家委托,在短时期内置办各种各样的礼仪用品。凭着他们的人脉,可以汇集各名门望族、乡绅富商的名册,由主家选定邀请名单后,派人上门分送帖子或讣告,同时请专业人士扎彩布堂,不管喜堂、孝堂还是寿堂,要在很短时间内完工。老仆头还是做司仪的好手,在各种仪式上,用他的三寸不烂之舌,在主家的亲朋好友、各位宾客间说出一连串顺口悦耳的吉利话,取悦主家与众宾客。从招呼亲朋入席,到摆桌上菜、斟酒添饭，他们都会照顾到位、料理全面。

在操办丧事时，老仆头还要为死者揩身换老衣，置办随葬物品，要布置灵堂，摆棺材，设灵座台，安排来宾吊唁，倒茶水，发号布，一直要忙到下棺或入葬后才完工。事后主家为老仆头结账，如果办得到位，主家满意，不但会付清账款，还会另付赏钱。如果碰到大户人家或巨贾富商，那么老仆头也许会发一笔小财。据说在盛宣怀的葬礼上，常州派出了北门张家做老仆头，张家所得的酬金可以造一幢像样的洋房。

现在，老仆头这一行当在婚事上已被婚庆公司取代了，而在农村的丧事上依然能看到老仆头的身影。

算命佬

过去的算命佬，大都是盲人，他们有的是真盲，有的是假盲。一般算命佬出门会有孩童在前面拽着一根小竹竿引路，或者自个儿右手拿一根小拐杖试探路面平整坑洼，左手还会拿一个金属的小拨变表敲出叮叮叮的声音。还有的算命佬拉着凄凉的二胡，只要人们听到这种声音，就知道算命佬来了。那些戴了墨镜冒充盲人的也常会混在其中。

旧时社会上形形色色的行业五花八门，以封建迷信、欺诈诱哄、骗取钱财为生的行业称为"四门"：算命、关亡、测字、相面。还有"后四门"：卖狗皮膏药（假药）、巫术、圆光、幻术。关于算命，有多种多样的形式，有的用生辰八字来算，有的用鸟来"叼牌算命"。为什么算命的多为盲人呢？因为他们双目失明，更容易被人信任。同时善良的人们很同情他们，也希望帮助他们生存下去。

算命业在旧时的常州非常盛行。有的资料显示，民国时期常州地区的算命从业人员很多，他们有的摆摊，有的开设算命馆，更多的是沿街叫喊。常州城里的城隍庙（今大庙弄）、双桂坊（崇法寺、季子寺）、化龙巷、青山桥等地都有固定的算命馆，如小糊涂、玄真子、云游子、大不同、杨明旨、一介人等。上海号称"算命铁嘴"的何可人曾来常州算命，由于"名气"很大，一时从外地赶来的客人挤爆了他住的大饭店。这些算命先生有的是落魄文人，有的是为了混口饭吃的盲人。为了能在社会上混出名声，一些所谓正规的算命先生略懂一些阴阳五行之说，再靠一张三寸不烂之舌以及"一套二哄三恐吓"的江湖伎俩，说得别人信以为真。常州人有句老话"穷算命，富烧香，颠颠倒倒问阴阳"，道出了算命的玄

算命佬

机。被算者得到的仅仅是一种心理抚慰和暗示，真可谓"算人家命，养自己身"，"算命若能准，天下无穷人"。

参考文献

1. 季全保编:《岁月留痕:常州老房子作品集》,南京出版社,2002。
2. 金曾豪:《蓝调江南》,古吴轩出版社,2003。
3. 贺友直:《贺友直画三百六十行 说说画画上海老行当》,上海人民美术出版社,2004。
4. 戴敦邦、沈寂:《老上海小百姓》,上海辞书出版社,2005。
5. 钱民权:《老底子的事体》,上海人民出版社,2006。
6. 何大齐:《老北京民俗风情画》,中国水利水电出版社,2006。
7. 聂鑫森:《中国老节令之谜》,新华出版社,2007。
8. 张一农:《三百六十行》,珠海出版社,2009。
9. 王金海、叶雄:《画说老上海》,华艺出版社,2010。
10. 季全保:《寻访老常州》,南京大学出版社,2012。

后 记

一眨眼,我已经走过了人生中的一个多甲子。60多年的风风雨雨,一路走来忘记的东西太多了,唯有儿时的童趣、游戏,看到的百业、风俗等时常在我的脑海里浮现。回望那些逝去的岁月,追寻过去的游戏旧物,是那么温馨。

幼年的童趣、少年的纯真、青年的磨难、中年的拼搏,都化作老年的回望。这些铭刻在我记忆深处的动人画面明明还如此清晰,可这些江南的民俗风情,永远也回不来了,想想真的很失落。于是,我产生了用图片和文字记录这些甜蜜的记忆和蹉跎的岁月的念头。近十年来,我致力于对民俗文化的研究,这些江南的风俗作为我研究的重要对象,不但要传给孩子们,也很有必要写下来、画出来。于是我和女儿商量,选出一百个旧时在我们周边的风俗、百业等题材,用简洁的笔墨,来描绘、记录那些逝去的旧城生活。至于绘画和写作水平怎样并不重要,这些图文只是为了给人们留下纪念,能让读者看懂昔日江南精彩的市井生活。在文中,我用原汁原味的江南方言和旧城习惯的说法,将这些亲身的经历表达出来,以期与读者朋友产生共鸣。

这本是书还是画?这种文图结合的形式,不管是什么,对于年长者而言可以留住江南旧时的记忆,对于年轻人而言可以了解旧时的风俗,想必是有意义的。书中描绘的传统的江南生活会令人陶醉,更会令人留恋。

是为记。

季全保于毗陵逊雪斋
2019年9月1日

作者简介

季全保 字子禾,号曲全、逊雪斋主。1954年生于江苏省常州市。中国书法家协会会员、江苏省美术家协会会员、中国民俗学会理事、中国大运河研究院智库专家、中国餐饮文化专业委员会副主任、江苏餐饮文化专业委员会副主席、江苏省民俗学会副会长、常州民俗学会会长。常州大学、江苏理工学院、常州工学院等高校特聘教授,文化学者。出版有《江南老房子》系列丛书、《寻访老常州》系列丛书、《江南民俗风情》系列丛书,致力于将古建筑、饮食、民俗文化融会贯通,在国内外传播中华文化。

季旻孜 1986年生,江苏常州人。2011年毕业于南京艺术学院美术学院国画山水专业,硕士学位。现为中国民俗学会会员、江苏省美术家协会会员、江苏省青年美术家协会中国山水画艺委会委员、常州市青年美术家协会副秘书长、常州市文化馆书画部主任。出版有《江南风俗画》、《画说老常州》系列连环画、《寻访老味道》等作品。

图书在版编目（CIP）数据

中国风俗图志. 常州卷 / 刘晓峰，李北山总主编；季全保，季旻孜绘著. —济南：泰山出版社，2020.8
ISBN 978-7-5519-0607-4

Ⅰ.①中… Ⅱ.①刘…②李…③季…④季… Ⅲ.①风俗习惯—常州—图集 Ⅳ.①K892-64

中国版本图书馆CIP数据核字（2020）第022859号

ZHONGGUO FENGSU TUZHI·CHANGZHOU JUAN

中国风俗图志·常州卷

策　　划	胡　威
绘　　著	季全保　季旻孜
责任编辑	赵　雨
装帧设计	路渊源

出版发行	泰山出版社
社　　址	济南市泺源大街2号　邮编　250014
电　　话	综合部（0531）82023579　82022566
	市场营销部（0531）82025510　82020455
网　　址	www.tscbs.com
电子信箱	tscbs@sohu.com
印　　刷	东港股份有限公司
开　　本	890毫米×1240毫米　16开
印　　张	17.25
字　　数	300千字
图　　片	153幅
版　　次	2020年8月第1版
印　　次	2020年8月第1次印刷
标准书号	ISBN 978-7-5519-0607-4
定　　价	106.00元